J. H. B.

Wie kann ich selig werden?

Oder der Sünder zu Jesu gewiesen

J. H. B.

Wie kann ich selig werden?
Oder der Sünder zu Jesu gewiesen

ISBN/EAN: 9783743409071

Hergestellt in Europa, USA, Kanada, Australien, Japan

Cover: Foto ©Lupo / pixelio.de

Manufactured and distributed by brebook publishing software (www.brebook.com)

J. H. B.

Wie kann ich selig werden?

Wie kann ich selig werden?

oder:

Der Sünder

zu Jesu gewiesen.

Von

J. H. B.

St. Louis:
J. W. McIntyre,
Buch- und Schreibmaterialien Handlung,
No. 14 Süd-Fünfte Straße.
1867.

Wie soll ich selig werden?

Mein Freund!—Ich habe dir Etwas zu sagen, was von großem Interesse für dich ist und deine Glückseligkeit begründet, wenn du nämlich den Rathschlägen Gehör schenkst und das deßhalb deine ungetheilte Aufmerksamkeit verdient.

Unter dem Beistand des heil. Geistes will ich versuchen, über den wichtigsten Gegenstand mit dir zu reden, und zu zeigen wie du gerettet werden kannst. Ich werde in einfacher, deutlicher Sprache zu dir reden, denn meine persönliche Erfahrung hat mich gelehrt, daß trotz der Unterweisung, welche in Sonntagschulen und durch die Predigt ertheilt wird, wir sobald die biblische Wahrheit uns interessirt, Jemand nöthig haben, welcher uns „den Weg Gottes noch völliger auslegt."*

Wir mögen überzeugt seyn, daß, wenn wir überhaupt erlöst werden, dies auf irgend eine Weise durch unsern Herrn Jesum Christum geschehen wird, und daß wir zu diesem Zwecke an Ihn glauben müssen. Aber, was verstehen wir unter dem Glauben an Ihn, weßhalb ist der Glaube nothwendig, und wie und wann haben wir zu glauben? dies Alles sind Fragen, hinsichtlich deren Beantwortung wir ganz unwissend seyn mögen.

Ueber diese Unwissenheit wundern wir uns nicht, denn die Schrift sagt, daß „der natürliche Mensch nichts vom Geiste Gottes vernimmt. Es ist ihm eine Thorheit und kann es nicht erkennen; denn es muß geistlich gerichtet seyn."† Wenn du deßhalb die Prediger des Evangeliums während der Predigt öfters sagen hörst: „Komm zu Jesu," oder „Fliehe zum Kreuz, auf daß du erlöst wirst," so zweifle ich, ob du diese Rufe verstehst. Du wirst bemerken, daß die so gebrauchte Sprache bildlich ist, und ehe

---

* Apost. 18, 26. † 1 Cor. 2, 14.

es Gott gefiel, meine Seele zu bekehren, konnte ich beim Anhören solcher Ausdrücke mir nie klar darüber werden, was ich eigentlich zu thun habe, um das ewige Leben zu erwerben.*

Ich war willig, Christum zu suchen, wenn er nur, wie vor achtzehnhundert Jahren, auf Erden gewesen wäre, da aber meine Bibel mir sagte, Er sey „gen Himmel gefahren,"† so war ich oft veranlaßt, mit Hiob auszurufen: „Ach, daß ich wüßte, wie ich Ihn finden und zu Seinem Stuhle kommen möchte: und das Recht vor Ihm sollte vorlegen und den Mund voll Strafe fassen."‡ Ich war bereit, übers Meer zu gehen und die Stadt Jerusalem zu besuchen und an der Stätte zu knieen, wo das Kreuz errichtet war, wenn mir dieselbe bezeichnet werden könnte. Aber ich war davon überzeugt, daß mich dies noch zu keinem Christen machen würde, und ich verlebte viele Monate in Unruhe und Bekümmerniß, weil mich Niemand zum „Lamm Gottes wies, das der Welt Sünde trägt."§

---

* Mark 10, 17.   † Heb. 4, 14.   ‡ Hiob 23, 3, 4.
§ 1 Joh. 1, 29.

Ich werde so viel als möglich alle bildliche Sprache vermeiden, und im Vertrauen auf den Beistand des heil. Geistes den Erlösungsplan so deutlich machen, daß du Ursache haben wirst, Gott ewig zu preisen, wenn du dieses Buch liesest.

Erster Theil.

Der Sünder ohne den Erlöser.

Ehe wir auf die Abhandlung näher eingehen, möchte ich dich auf den Sinn einiger Ausdrücke, welche in der Bibel, wo dieselbe von der Erlösung des Menschen spricht, oft vorkommen, aufmerksam machen, denn es ist wichtig, daß du die Meinung derselben genau verstehst.

Der Ausdruck Gnade bedeutet die Güte Gottes gegen die Unwürdigen, gegen diejenigen, welche dieselbe nicht verdient haben.

Unter dem Ausdruck Gerechtigkeit versteht man das, was mit den Gesetzen des Rechts übereinstimmt, oder in andern Worten, das, was den Forderungen des göttlichen Gesetzes entspricht.

Der Ausdruck Versühnung bedeutet ein Opfer, das Gott dargebracht wird, um die Strafe für die

Sünde abzuwenden, und seiner Gunst theilhaftig zu werden.

Wenn eine Person vor dem Gesetz gerecht erfunden und eine dahingehende Erklärung gegeben wird, so heißt dieser Akt Rechtfertigung. Anstatt der Verdammung anheim zu fallen, wird eine solche Person begnadigt und so behandelt, als ob sie nicht schuldig wäre.

Der Ausdruck Glaube bedeutet im einfachsten Sinn des Worts, ein gegebenes Zeugniß für wahr annehmen. Aber der seligmachende Glaube begreift nicht bloß die Annahme des Zeugnisses Christi als Wahrheit, sondern auch Vertrauen in Ihn als unsern Erlöser, sowie in seine köstlichen Verheißungen, die er uns Sündern gegeben.

Einige andere Punkte die ich noch erwähnen möchte, hoffe ich nicht beweisen zu müssen, und will sie der Kürze wegen als Voraussetzung annehmen. Ich hoffe, daß du an die Existenz eines heiligen, gerechten, und gnädigen Gottes glaubst. Ich hoffe, du glaubst, daß du ein Gewissen hast, welches dich befähigt, zwischen Recht und Unrecht zu unterscheiden. Ich hoffe, du glaubst an die Unsterblichkeit der Seele und die Verantwortlichkeit, welche du deinem Schöpfer und Richter schuldest. Ich hoffe, du glaubst, daß die Bibel das Wort Gottes und deßhalb Wahrheit ist. Ich hoffe, du hast ein persönliches Interesse an der Religion. Diese Punkte voraussetzend, wirft sich erstlich die folgende, wichtige Frage auf:—

Warum bist du beunruhigt?

Was ist die Ursache deiner Beunruhigung, wenn du ernstlich über Tod, Gericht und Ewigkeit nachdenkst? Warum zitterst du, wenn du dir vorstellst, wie du einst vor dem Allmächtigen stehen wirst, um von ihm dein ewiges Loos zu erfahren? Warum wartest du nicht „auf die selige Hoffnung und Erscheinung des großen Gottes und unseres Heilandes Jesu Christi,"* anstatt dich vor seinem Kommen zu fürchten?

Als Antwort auf diese Fragen entgegne ich, daß deine Aengstlichkeit durch dein Sündenbewußtsein hervorgerufen wird und dieses wird durch den heil. Geist verursacht. Merke, ich sage, deine Unruhe

---

* 1 Titus 2, 13.

rührt von deinem Sündenbewußtsein und nicht von der Thatsache her, daß du ein Sünder bist; denn ich glaube, es giebt Sünder, die Monate und Jahre lang nicht beunruhigt werden, obgleich sie jeden Augenblick durch den Tod abgerufen werden kön= nen, und alsdann schreckliche Strafe zu leiden ha= ben. Ohne Gebet legen sie sich des Abends auf ihr Lager, und stehen des Morgens auf, um ihren täglichen Berufsgeschäften, oder dem Laster und den Ausschweifungen nachzugehen, ohne in ihrer Ruhe gestört zu werden, ohne daran zu denken, daß sie sich dem Zorne Gottes, welcher den Uebelthätern zürnet und ein „verzehrend Feuer"* ist, aussetzen. „Der Gottlose ist stolz und zornig, daß er nach Niemand fragt: in allen seinen Tücken hält er Gott für nichts."†

Deßhalb bist du nicht etwa darum beunruhigt wegen dem Heil deiner Seele, weil du ein Sünder bist, sondern weil du von deiner Sündhaftigkeit überzeugt wurdest, weil der Geist Gottes dich straft. Würde Er dich nicht um deiner Sünde willen strafen,‡ so würdest du in Bezug auf deine Seele

---

* Heb. 12, 29.   † Pslm. 10, 4.   ‡ Joh. 16, 8.

gänzlich gleichgültig seyn, und weil Gottes Geist dich beunruhigt, so ist es von großer Wichtigkeit, daß du dieses zu deiner Ermuthigung so wohl als zur Warnung erkennen mögest, damit du nicht den Geist Gottes betrübest.*

Die **zweite** Frage, welche zu beantworten ist, lautet:—

Was ist Sünde?

Da ich gezeigt habe, daß das Bewußtsein der Sünde dir so viel Unruhe macht, so ist eine bestimmte Antwort auf diese Frage nöthig. Manche Personen meinen, man könne weder verstehen, noch erklären, was Sünde sey. Sie erkennen in derselben ein geheimnißvolles Uebel, das gleich einer Seuche, deren Verheerungen man wohl wahrnimmt, aber weder ihre Natur noch ihren Ursprung angeben kann, über die Menschen gekommen sey. Solche Personen vergessen, daß das Wort Gottes uns deutlich, und zwar in der einfachsten Weise sagt, was Sünde ist. Wir finden in der Bibel Stellen wie diese: „Die Sünde ist das Unrecht."† „Wo kein Gesetz ist, da ist auch keine Uebertretung."‡

---

* Eph. 4, 30. † 1 Joh. 3, 4. ‡ Röm. 4, 15

„Die Sünde war wohl in der Welt, bis auf das Gesetz, aber wo kein Gesetz ist, da achtet man der Sünde nicht."* „Durch das Gesetz kommt Erkenntniß der Sünde."† „Die Sünde erkannte ich nicht ohne durch das Gesetz."‡ „Ich aber lebte etwa ohne Gesetz. Da aber das Gebot kam, ward die Sünde wieder lebendig. Ich aber starb."§

Offenbar drückt der Apostel in diesen Stellen aus, daß er ehe die Natur und ganze Bedeutung des Gesetzes von ihm erkannt wurde, mit seinem Zustande zufrieden war; er war es sich nicht lebendig bewußt, daß er ein Gnade bedürftiger Sünder sey: als aber das Gebot kam, das heißt, als er einmal vollkommen erkannt hatte, was Gott von uns fordert, sah er seine Sündhaftigkeit ein; er war sich bewußt, daß er den Zorn Gottes verdient habe, denn er fühlte seine Schuld. Wenn es dir deßhalb daran gelegen ist deinen Charakter und Zustand in rechtem Lichte zu erkennen, so mußt du dich nicht mit den gottlosen Menschen deiner Umgebung sondern mit dem göttlichen Gesetze ver=

---

* Röm. 5, 13.   † Röm. 3, 20.   ‡ Röm. 7, 7.
§ Röm. 7, 9, 10.

gleichen. Hast du dasselbe in allen seinen Theilen, in Gedanken, Worten und Werken befolgt, so bist du kein Sünder; hast du aber dasselbe übertreten, so bist du ein Sünder, und zwar ein großer, denn du hast nicht allein die heiligen Gebote Gottes mißachtet, und dich wieder ihn aufgelehnt, sondern du hast auch Christum, den einzigen Erlöser, mit Geringschätzung behandelt und verworfen. Und die Weigerung an Christum zu glauben ist, wie wir später sehen werden, eine so große Sünde, daß, um diesen Ausdruck zu gebrauchen, sie alle andern Uebertretungen einschließt, und wird uns einer gewissen Verdammung entgegenführen.

Die heil. Schrift behauptet, daß unsere vom gefallenen Adam ererbte Natur gänzlich verdorben sey, indem sie bestimmt erklärt, daß wir „von Natur Kinder des Zorns"* seyen. Wie wir nun von Tigern und Panthern sagen, sie seyen von Natur blutdürstig und wild, oder von Lämmern und Schaafen, sie seyen furchtsam und zahm, so autorisirt uns die Bibel von den Menschen zu sagen, sie seyen in ihrem natürlichen Zustande unter dem

---

* Eph. 2, 3.

Zorne Gottes und deßhalb von Natur sündlich. „Wer will einen Reinen finden bei denen, da Keiner rein ist?"* „Siehe," sagt der Psalmist, indem er nicht allein für sich, sondern für uns alle spricht, „ich bin aus sündlichem Samen gezeuget und meine Mutter hat mich in Sünden empfangen."† „Was vom Fleisch geboren wird, das ist Fleisch; und was vom Geiste geboren wird, das ist Geist."‡

So wichtig es ist, daß du von deiner verdorbenen Natur überzeugt werdest, so habe ich doch diese Stellen nicht bloß zu diesem Zwecke, sondern namentlich mit der Absicht angeführt, dir zu zeigen, daß die Sünden so gewiß ihre Ursache in dieser verdorbenen Natur haben, als ein unreiner Bach einer unreinen Quelle entfließt. Um zu wissen, ob wir Sünden begangen haben, ist es nöthig zu verstehen, was das Gesetz Gottes von uns verlangt; denn es gilt festzuhalten, „daß die Sünde die Uebertretung des Gebotes ist."

Hiedurch werden wir nun zur dritten Frage geführt:—

---

* Hiob 14, 4.   † Pslm. 51, 7.   ‡ Joh. 3, 6.

Was ist das Gesetz Gottes?

Du wirst den Zweck dieser Frage leicht erkennen. Sie will dich anleiten, dich so zu sehen, wie dies von Gott geschieht; sie wird dich, wenn ernstlich und aufrichtig beantwortet, gründlich davon überzeugen, daß du einen Erlöser nöthig hast. Das Gesetz Gottes ist, so antworte ich auf die Frage, die Regel, mittelst welcher Er unsere Herzen und unser Betragen regieren will. Was diese Regel fordert, können wir leicht aus der heil. Schrift erfahren.

Einst kam, wie uns die Bibel sagt, ein Schriftgelehrter zum Herrn Jesu und sagte zu Ihm: „Meister, welches ist das vornehmste Gebot im Gesetz? Jesus aber sprach zu ihm: Du sollst lieben Gott deinen Herrn, von ganzem Herzen, von ganzer Seele und von ganzem Gemüthe. Dies ist das vornehmste Gebot. Das andere aber ist ihm gleich: Du sollst deinen Nächsten lieben als dich selbst. In diesen zweien Geboten hanget das ganze Gesetz und die Propheten."*

---

* Math. 22, 36—40.

Hier ist zu ersehen, daß es uns geboten ist, Gott vollkommen und ohne Aufhören zu lieben, und, was daraus folgt, Ihm vollkommen und immerdar in Gedanken, Worten und Werken gehorsam zu seyn. In gleicher Weise ist es uns zur Pflicht gemacht, unseren Nächsten so aufrichtig als uns selbst zu lieben, und auf ihre Wohlfahrt, ihr Interesse und ihre Ruhe so sehr acht zu haben, als auf die unsrige.

Dies ist die Summa aller Gebote, und ich glaube nicht, daß irgend Jemand sagen wird, es sey hier zu viel, oder etwas Unrechtes von uns verlangt. Gott, unsern Schöpfer, Erhalter und Wohlthäter über Alles, und unsern Nebenmenschen wie uns selbst zu lieben, ist gewiß recht, und wenn sich alle Menschen dessen befleißen würden, wäre unser Zustand in dieser Welt, trotz mannigfacher Prüfungen und Leiden, in der That ein glücklicher.

Wie aber das „Gesetz heilig und das Gebot heilig, recht und gut ist,"* und wie „das Gesetz des Herrn ohne Wandel"† (vollkommen) ist, so ist es auch unveränderlich. Daß heilige, gerechte,

---

* Röm. 7, 12.   † Pslm. 19, 8.

Was ist das Gesetz Gottes? 17

gute, vollkommene Lebensregeln nicht verändert werden können, muß Jedem einleuchtend seyn. Und da das Gesetz weder verändert werden sollte noch kann, da seine Forderungen an und für sich recht sind, so ist es nicht mehr als billig, daß wir seinen Ansprüchen nachkommen. Das Gesetz ist der Ausdruck von Gottes gerechtestem und darum un ver änder lichem Willen, den Er seinen intelligenten, verantwortlichen Geschöpfen kund thut. Es ist, um so zu sprechen, eine Darstellung der göttlichen Natur; und wie Gott immer das bleibt, was und wie er ist, wie der ewige Thron Jehovahs nie in Staub zerfallen wird, so wird das Gesetz Gottes unseres Herrn nie aufhören, von uns zu fordern, Gott mit unserm ganzen Herzen, unserer ganzen Seele, und all unseren Kräften zu lieben, und unsern Nächsten als uns selbst. „Ihr sollt nicht wähnen," sagt Christus, „daß ich gekommen bin, das Gesetz, oder die Propheten aufzulösen. Ich bin nicht gekommen, aufzulösen, sondern zu erfüllen. Denn ich sage euch wahrlich: bis daß Himmel und Erde vergehen, wird nicht vergehen der kleinste Buchstabe, noch ein Titel vom Gesetz, bis daß es Alles geschehe."*

Demnach stehen wir, gingen wir auch dafür, daß Christus von uns nicht als Heiland aufgenommen wurde, für immer verloren dennoch, so sehr unter der strengen Verpflichtung, die Vorschriften des Gesetzes zu erfüllen, als die Erlösten im Himmel; denn unsere Verbindlichkeit, das Moralgesetz zu halten, beruht auf unserm unveränderlichen Verhältniß zu Gott und seiner Herrschaft über uns, und nicht auf Pflichten, die uns, wie das Ceremonialgesetz der Juden, nur vorübergehend zur Erfüllung aufgegeben werden.

Ferner lernen wir aus der Bibel hinsichtlich des Gesetzes, daß dasselbe „geistlich"† ist. Es fordert den Dienst des Herzens; es prüft die verborgensten Gedanken unseres Geistes und die leisesten Wünsche und Absichten. Deßhalb ist es durchaus nicht genügend, die Gesetzesvorschriften nur dem Aeußeren nach zu erfüllen, „denn Gott wird alle Werke vor Gericht bringen, das verborgen ist, es sey gut oder böse."‡ „Aus dem Herzen kommen arge Gedanken, Mord, Ehebruch, Hurerei, Dieberei, falsche

---

* Math. 5, 17, 18.   † Röm. 7, 14.   ‡ Pred. 12, 14.

Zeugnisse, Lästerung,"* und deßhalb wird das vollkommene Gesetz Gottes ebensowohl auf den Zustand des Herzens als auf das äußere Betragen angewendet.

Halten wir uns als ein Beispiel aller übrigen eine oder zwei Vorschriften des Gesetzes Gottes vor, von welchen Viele meinen, sie hätten dieselben genau beobachtet.

Das sechste Gebot lautet: „Du sollst nicht tödten."† Die heil. Schrift zeigt deutlich, wie man gegen dies Gebot sündigen könne, ohne einen Menschen ums Leben zu bringen, denn sie sagt: „Wer seinen Bruder hasset, der ist ein Todtschläger."‡ Hast du deßhalb jemals deinen Nebenmenschen gehasset, und hättest du auch deinen bittern Gefühlen keinerlei Ausdruck gegeben, so ist es klar, daß du in den Augen Gottes ein Todtschläger bist.

Das siebente Gebot sagt: „Du sollst nicht ehebrechen,"§ und es giebt ohne Zweifel Tausende in diesem christlichen Lande, welche darüber empört und beleidigt würden, wenn man sie beschuldigte,

---

* Math. 15, 19. † 2 Mos. 20, 13. ‡ 1 Joh. 3, 15.
§ 2 Mos. 20, 14.

die Vorschrift dieses Gebots übertreten zu haben. Laßt uns jedoch hören, was unser Herr und Heiland über die präcise Meinung und den ganzen Sinn derselben sagte. „Ich aber sage euch: Wer ein Weib ansiehet, ihrer zu begehren, der hat schon mit ihr die Ehe gebrochen in seinem Herzen."* Wenn du dir somit vielleicht schmeichelst, daß du wenigstens bezuglich dieser Gesetzesvorschrift schuldlos seyst, so erinnere dich, daß wenn du in deinem Herzen jemals eine unreine Lust und Begierde fühltest, ohne vielleicht ein einziges unreines Wort gesprochen zu haben, du in den Augen Gottes schuldig bist. Daß auch alle andere Gebote nicht allein auf das Betragen, sondern auch auf die Absicht, auf das Herz, angewendet werden, und deßhalb ein bloß äußerlicher Gehorsam nicht genügt den Pflichten gegen Gott, „welcher die Nieren und Herzen erforschet,"† nachzukommen, wäre leicht darzuthun. „Einem Jeglichen dünkt sein Weg recht seyn; aber allein der Herr macht die Herzen gewiß."‡

Es giebt jedoch noch Etwas, das mit Gottes Gesetz in enger Beziehung stehend deine aufmerk-

---
* Math. 5, 28. † Off. 2, 23. ‡ Sprüche 21, 2.

Was ist das Gesetz Gottes?

samste Beachtung verdient. Es ist die **Strafe**, oder Züchtigung, welche allen denen angedroht wird, die dasselbe unbeachtet lassen. „Welche Seele sündiget, die soll sterben."* „Verflucht sey Jedermann, der nicht bleibt in allem dem, das geschrieben steht in dem Buch des Gesetzes, daß er es thue."† „Derhalben, wie durch einen Menschen die Sünde ist gekommen in die Welt, und der Tod durch die Sünde, und ist also der Tod zu allen Menschen hindurchgedrungen, dieweil sie alle gesündigt haben."‡ „Die Sünde hat geherrschet zu dem Tode."§ „Der Tod ist der Sünde Sold."‖ „Die Sünde, wenn sie vollendet ist, gebieret sie den Tod."¶

Beweisen diese Schriftstellen nicht, daß die Uebertreter der Gebote Gottes bestraft, und zwar mit dem Tode bestraft werden sollen? Alle diejenigen Schriftstellen anzuführen, welche zeigen was die Bibel unter dem Ausdruck Tod als Strafe für die Sünde versteht, würde uns zu weit führen. Wenn du in deiner Bibel zu Hause liest, so weißt du, daß jenes Wort, wenn es in Verbindung mit der Ueber-

---

* Hes. 18, 4. † Gal. 3, 10. ‡ Röm. 5, 12.
§ Röm. 5, 21. ‖ Röm. 6, 23. ¶ Jak. 1, 15.

tretung der Gebote Gottes vorkommt, mehr bedeutet als allein die Trennung der Seele vom Leibe. Du weißt, daß die Schrift das Uebel und die Leiden des gegenwärtigen Lebens, den Verlust der Gunst Gottes und seines Ebenbildes, die ewige Trennung von Ihm und die ewige Höllenqual darunter versteht. Gott wird „geben einem Jeglichen nach seinen Werken; nämlich Preis und Ehre und unvergängliches Wesen denen, die mit Geduld in guten Werken trachten nach dem ewigen Leben, Trübsal und Angst aber über alle Seelen der Menschen, die da Böses thun."* „Der Herr Jesus wird geoffenbaret werden vom Himmel, sammt den Engeln seiner Kraft, und mit Feuerflammen Rache zu geben über die, so Gott nicht kennen und über die, so nicht gehorsam sind dem Evangelio unsers Herrn Jesu Christi; welche werden Pein leiden, das ewige Verderben von dem Angesicht des Herrn und von seiner herrlichen Macht; wenn er kommen wird, daß er herrlich erscheine mit seinen Heiligen, und wunderbar mit allen seinen Gläubigen."† „Und sie werden in die ewige Pein gehen."‡

---

* Röm. 2, 6-9.   † 2 Thess. 1, 7-10.   ‡ Math. 25, 46.

O, welch furchtbares Uebel muß doch die Sünde seyn, daß, „der Herr, Herr Gott barmherzig und gnädig, geduldig und von großer Gnade und Treue"* in solcher Weise dem Sünder sein gerechtes Mißfallen kund thun will!

Es sollte uns jedoch nicht befremden, daß die Uebertretung des göttlichen Gesetzes bestraft wird, denn ohne entsprechende Strafe kann kein Gesetz erhalten und eingeschärft werden, obwohl Rath und Ermahnung ertheilt werden können. Aber in dem Sinne, in welchem ich hier den Ausdruck „Gesetz" als Richtschnur unseres Lebens gebrauche, kann keines bestehen, ohne daß dasselbe sowohl Strafe für Uebertretung androht, als Vorschriften macht.

Unser Körper ist z. B. gewissen Gesetzen unterworfen, für deren Mißachtung wir zu büßen haben. Verbrennen wir nicht unsere Hand, wenn wir dieselbe übers Feuer halten? Wenn ein Arbeiter von einem Gebäude, oder einem hohen Gerüste herabfällt, wird er sich nicht beschädigen? Wird ein Lamm, das auf der am Abgrund liegenden Wiese fröhlich spielend, in denselben stürzt, nicht an den

---

* 2 Mos. 34, 6.

Felsen zerschellen? Wenn ein kleines Kind Gift, welches die sorglose Mutter irgendwo liegen ließ, findet und dasselbe genießt, wird nicht peinigender Schmerz die unausbleibliche Folge seyn? Auf alle diese Fragen kann es nur eine Antwort geben; denn wir kennen die durch Mißachtung der Naturgesetze über unsern Körper verhängten Folgen nur zu gut. Aber weßhalb sind dieselben so trauriger Art? Findet denn unser gütiger, himmlischer Vater an den Leiden und der Qual seiner Geschöpfe Gefallen? O nein, aber Er zeigt uns beständig obgleich Er unendlich langmüthig ist, daß die von Ihm aufgestellten Gesetze nicht ohne die entsprechende Strafe zu leiden übertreten werden können.

So wie unser Körper von bestimmten Gesetzen regiert wird, so giebt es auch Gesetze für die Seele, für den Geist, und die schrecklichen Folgen, die eintreten, wenn dieselben unbeachtet bleiben hat man bei gewissen Fällen des Wahnsinns Gelegenheit zu beobachten. Die unglücklichen Insaßen eines Irrenhauses betrachtend und ihr unnatürliches Schreien und schreckliches Lachen anhörend, könnte man zu dem Gedanken kommen, daß Gott, welcher „nicht von Herzen die Menschen plaget und betrübet,"* all diesem Elend auf einmal ein Ende machen müsse. Dem ist jedoch nicht also. Der Ewige weiß, daß es besser ist, die Gesetze des Geistes aufrecht zu erhalten, und läßt es deßhalb zu, daß diese schreckliche Strafe so lange über Diejenigen ergeht, welche jenen Vorschriften ungehorsam sind, bis geeignete Heilmittel wiederum jenen Gehorsam erzeugen, welchen Er fordert.

Deßhalb kann folgerichtig erwartet werden, daß auch mit dem Moralgesetz, von dem ich rede, eine Strafe in Verbindung gebracht wird, denn es ist einleuchtend, daß der Charakter und die Regierung Gottes, das Wohl aller intelligenten Geschöpfe und die gute Ordnung der ganzen Welt es bedingen, daß dieses große Gesetz in noch ernsterer Weise aufrecht erhalten werde, als die temporären für die Wohlfahrt unseres Körpers und Geistes gegebenen Vorschriften.

Jedenfalls aber ist es, ob du nun die Ursache verstehst oder nicht, thöricht, Thatsachen zu bestreiten; und daß die Strafe für die Sünde der

---

* Klagel. Jer. 3, 33.

Tod ist, in allen Gestalten zeitlich, geistlich und ewig, dies ist eine unumstößliche Thatsache; und daß dies die Strafe für die Uebertretung eines unveränderlichen Gesetzes ist, welches von uns fordert, Gott über Alles und unsern Nächsten als uns selbst zu lieben, ist eben so gewiß.

Eine andere Frage, die in Verbindung mit diesem Gegenstand steht, und auf welche ich deine Aufmerksamkeit lenken möchte, lautet:—

Hast du die Vorschriften des Gesetzes übertreten?

Obgleich dir hierauf dein eigenes Gewissen sichere Antwort geben kann, so ist es doch gut, auch das Zeugniß des Wortes Gottes über seinen so wichtigen Punkt entgegen zu nehmen. Höre denn dieses gewißlich wahre Zeugniß an. „Da ist nicht der gerecht sey, auch nicht Einer; da ist nicht der verständig sey; da ist nicht der nach Gott frage; sie sind alle abgewichen und allesammt untüchtig geworden; da ist nicht der Gutes thue, auch nicht Einer."* „Es ist kein Mensch auf Erden, der Gutes thue und nicht sündige."† „Sie sind allzu-

---

* Röm. 3, 10–12. † Pred. 7, 21.

mal Sünder und mangeln des Ruhmes, den sie an Gott haben sollten."* „So wir sagen, wir haben keine Sünde, so betrügen wir uns selbst und die Wahrheit ist nicht in uns."† „Denn wir fehlen alle mannigfaltiglich."‡ „Wir wissen aber, daß, was das Gesetz sagt, das sagt es denen, die unter dem Gesetze sind; auf daß aller Mund verstopfet werde, und alle Welt Gott schuldig sey."§

Solches ist das übereinstimmende Zeugniß der heiligen Schrift, und wenn sie irgend eine Lehre ernstlich einprägt so ist es die, daß unsere Natur verdorben, daß das ganze Menschengeschlecht gefallen ist, daß Jeder von uns gesündigt, daß Jeder die Vorschriften Gottes übertreten hat, und den darin uns auferlegten heiligsten, gerechtesten Verpflichtungen nicht nachgekommen ist.

Was ist denn nun, mein Freund, deine Lage, dein Zustand? Ohne allen Zweifel dies: da du die Vorschriften eines unveränderlichen Gesetzes nicht gehalten hast, so bist du der angedrohten Strafe ausgesetzt. Du kannst durchaus

---

* Röm. 3, 23.   † I Joh. 1, 8.   ‡ Jak. 3, 2.
§ Röm. 3, 19.

zu keinem andern Schluß kommen. Und soweit der menschliche Verstand zu sehen vermag, giebt es keinerlei Rettung von der schrecklichen, ewigen Strafe. Denke einen Augenblick nach. „Moses aber schreibt wohl von der Gerechtigkeit, die aus dem Gesetz kommt. Welcher Mensch dies thut, der wird darinnen leben."* Wenn aber der Mensch den im Gesetz aufgestellten Pflichten nicht nachkommt, was dann? Ei, wir sind einfach genöthigt, mit dem inspirirten Apostel zu schließen: „daß kein Fleisch durch des Gesetzes Werke vor ihm gerecht seyn mag, denn durch das Gesetz kommt Erkenntniß der Sünde."† „Verflucht sey Jedermann, der nicht bleibt in allem dem, das geschrieben stehet in dem Buch des Gesetzes, daß er es thue."‡ „Denn so Jemand das ganze Gesetz hält, und sündiget an einem, der ist es ganz schuldig."§ Diese Schriftstellen bezeugen deutlich, daß wir durch nichts, das wir zu thun vermögen, selig werden können: denn jede Vorschrift des Alten sowohl als des Neuen Testaments bildet einen Theil des göttlichen Gesetzes, und wenn

---

* Röm. 10, 5. † Röm. 3, 20. ‡ Gal. 3, 10.
§ Jak. 2, 10.

wir nicht alle diese Vorschriften halten, so wird der Fluch über uns ausgesprochen; wir sind schuldig, wenn wir uns gegen eine einzige vergehen.

Ein Gesetz, welches uns ebensowohl überführt als verurtheilt, kann uns gewiß nicht zu gleicher Zeit frei sprechen und als gerecht gelten lassen; denn eine solche Voraussetzung wäre lächerlich und sich selbst widersprechend. Gott verspricht unter der Bedingung vollkommenen Gehorsams seinem Gebote gegenüber ewiges Leben und droht dem Ungehorsamen mit dem Tode. Nun habe ich aber bewiesen, daß du des Ungehorsams schuldig bist, und deßhalb würde, wenn nicht die Strafe auf irgend eine Weise ausgeführt würde, das Gesetz entehrt, die göttliche Regierung umgestoßen, und alles Vertrauen in den Charakter Gottes zerstört werden.

Du wirst deßhalb das Thörichte, der gerechten Strafe durch irgend welche deiner eigenen Anstrengungen entrinnen zu wollen, und dir die Gunst Gottes durch dein gutes Verhalten zu verdienen, leicht einsehen. Er, der Heilige, „hat heilige Augen, daß er Uebels nich sehen mag."* „Er ist nicht ein

---

* Hab. 1, 13.

Mensch, daß er lüge, noch ein Menschenkind, daß ihn etwas gereue."* Das Schwierige deiner Lage besteht darin, daß du „schon gerichtet" bist.† Wenn du deßhalb fähig wäreſt, von jetzt an die Sünde zu meiden, so könnte dein künftiger Gehorsam nicht für deine vergangenen, unzählbaren Sünden sühnen; denn du würdest nicht mehr als deine Pflicht erfüllen, welche du zu allen Zeiten streng hätteſt beobachten sollen. Außerdem aber ist es Thatsache, daß du in deiner eigenen Kraft nie die Sünde meiden kannst. Selbst Diejenigen, welche sehr ernstlich und aufrichtig sich bestrebten, die Sünde zu überwinden, waren genöthigt auszurufen: „das Gute das ich will, das thue ich nicht, sondern das Böse, das ich nicht will, das thue ich. Ich elender Mensch, wer wird mich erlösen von dem Leibe dieses Todes?"‡ Was denn kannſt du, armer Sünder, thun? Nichts, durchaus nichts, um dich zu bessern. Du bist hülflos, „unter die Sünde verkauft,"§ „gefangen von Satan unter seinen Willen,"|| und mußt deßhalb irgendwo anders, als bei dir Hülfe suchen,

---

* 3 Mos. 23, 19.   † Joh. 3, 18.   ‡ Röm. 7, 19, 24.
§ Röm. 7, 14. || 2 Thim. 2, 26.

Hast du die Vorschriften des Gesetzes übertreten?

wenn du aus deinem bedauernswerthen Zustand der Schuld und des Elends errettet seyn willst.

Und nun wollen wir uns in Kürze das bisher Gesagte noch einmal vorführen.

Erstens. Es wurde vorausgesetzt, daß du wenigstens in gewissem Grade besorgt und furchtsam werdest, wenn du an Gott, Tod, Gericht und Ewigkeit denkst.

Zweitens wurde gezeigt, daß diese Besorgniß durch Sündenbewußtsein, durch die gnädigen Wirkungen des heiligen Geistes in dir erzeugt, in dir hervorgerufen wurde.

Drittens wurde bewiesen, daß Sünde die Nichtübereinstimmung mit, oder die Uebertretung des Gesetzes Gottes sey, und daß die Schuld noch bedeutend dadurch erhöht werde, daß man Christum nicht als den alleinigen Sünderheiland aufnehme.

Viertens wurde dargestellt, daß das Gesetz, welches von uns fordert, daß wir Gott über Alles lieben sollen und unsern Nächsten als uns selbst, unveränderlich und geistlich ist, und daß die Uebertretung desselben mit Strafe belegt wird.

Fünftens wurde unbeantwortlich festgestellt, daß

du, wie alle Menschen, den Vorschriften dieses Gesetzes zuwider handeltest und deßhalb der angedrohten Strafe anheimgefallen bist.

Was kann nun geschehen? Welches ist der von menschlicher Weisheit erdachte Plan, der angiebt, wie den schrecklichen Folgen der Sünde zu entrinnen? „Meinest du aber, dein Herz möge es erleiden, oder deine Hände ertragen zur Zeit, da ich mit dir richten werde? Der Herr hat es geredet, und will es auch thun."* Was wird er thun? Gott, bei dem „keine Veränderung noch Wechsel des Lichts ist,"† hat erklärt, daß Sünde bestraft werden soll, daß wir, die wir gesündigt jeden Tag und jede Stunde, ja, jede Minute unseres Lebens, schwer gesündigt haben, wenn keine Hülfe von Oben, keine Hülfe, welche die Forderungen des Gesetzes erfüllen kann, uns erreicht, bald an den Ort der Verlorenen, „wo der Wurm nicht stirbt, und das Feuer nicht erlöscht,"‡ kommen werden.

Es mag manchem hart und grausam scheinen, daß ich hier solche Sätze aufstelle, und dich Schritt für Schritt zum Bewußtsein deines elenden Zu-

---

* Hes. 22, 14. † Jak. 1, 17. ‡ Mark 9, 44.

Hast du die Vorschriften des Gesetzes übertreten? 33

standes und deiner Gefahr bringe. Aber mein Freund, man muß manchen Kranken erst von seiner Krankheit so überzeugen, daß er dieselbe fühlt, ehe er die vom Arzte vorgeschriebenen Heilmittel gebraucht. Und in derselben Weise ist es nöthig, dich davon zu überzeugen, und in dir das Gefühl zu erregen, daß „dein Herz ein trotzig und verzagtes Ding"* ist, daß „fleischlich gesinnt sein, eine Feindschaft wider Gott ist, sintemal es dem Gesetz Gottes nicht unterthan ist,"† und „daß es schrecklich ist, in die Hände des lebendigen Gottes zu fallen,"‡ ehe ich hoffen darf, dir nützlich zu werden.

Ich behaupte nicht, daß alle Menschen dieses Gefühl in gleichem Grade haben müssen, oder daß es bei dir in einem Maße einzutreten hat, daß du ganz und gar unglücklich wirst. Nein, ich bin weit entfernt dies zu sagen, aber ich behaupte, du mußt deine Sündhaftigkeit und Hülflosigkeit so fühlen, daß du deine Rettung weder deinem guten Betragen, noch deinen eigenen Anstrengungen und Stärke anzuvertrauen willig bist. Wenn du bestimmt werden kannst, sogleich und ohne Rückhalt ruhig

---

* Jer. 17, 9.   † Röm. 8, 7.   ‡ Heb. 10, 31.

und fest den Verheißungen eines allmächtigen Erlösers zu vertrauen, so wirst du um so leichter erlöst werden; ist dieses aber nicht der Fall, so mußt du durch die Furcht vor dem Gerichte Gottes überzeugt, und wenn nöthig an den Rand der Verzweiflung getrieben werden.

Um dieser Ursache willen habe ich dir das Gesetz, anstatt das Evangelium geprediget. Ich versuchte, dir zu zeigen, daß es nur einen einzigen Plan, nur ein einziges Mittel für die Rettung der Sünder giebt, damit wenn die Erlösung durch Jesum Christum dargestellt wird, wie dies im übrigen Theil dieses Büchleins geschehen soll, du bereit seyest, deinen Heiland, wie er sich dir in dem Evangelium darstellt als deinen rettenden Erlöser freudig aufzunehmen.

Demnach ist, trotz dem die von mir gebrauchte Sprache kalt und gefühllos scheinen mag, dieselbe doch diejenige der Liebe, denn es ist die Sprache Gottes, „der sich unserer erbarmet, wie sich ein Vater über seine Kinder erbarmet;"* es ist die von unserm Herrn Jesus Christus, der sich unserer mit

---

* Pslm. 103, 13.

unbeschreiblicher Langmuth annimmt, gebrauchte Sprache: es ist die Sprache, welche der heil. Geist gebraucht, der dich jetzt beeinflußt, und der in Gnaden deine Natur erneuern und dich zu einem Theilhaber des Erbes der Heiligen im Lichte machen will.

Die heiligen Schreiber haben, wie du dich leicht überzeugen kannst, in eben der Weise gesprochen, die ich in Schwachheit nachzuahmen versuchte. Sie verbreiten sich beständig über die Natur und die Ausdehnung des göttlichen Gesetzes, um hiedurch die Menschen von ihrem sittlichen Ruin zu überzeugen, und zum Erlöser zu weisen. Sie sagen, „wenn ein Gesetz gegeben wäre, das da könnte lebendig machen, so käme die Gerechtigkeit wahrhaftig aus dem Gesetze. Aber die Schrift hat es Alles beschlossen unter die Sünde, auf daß die Verheißung käme durch den Glauben an Jesum Christum. Ehe denn aber der Glaube kam, wurden wir unter dem Gesetz verwahret und verschlossen auf den Glauben, der da sollte geoffenbaret werden. Also ist das Gesetz unser Zuchtmeister gewesen auf

Christum, daß wir durch den Glauben gerecht würden."*

Hiedurch werden wir nun angeleitet, zunächst das Werk zu betrachten, welches der Erlöser für die Sünder ausführte.

---

* Gal. 3, 21-24.

Zweiter Theil.

Das Werk des Erlösers für die Sünder.

Bei einer Prüfung der heil. Schrift wirst du finden, daß das Erlösungswerk Christi in direkter, naher Beziehung zu dem Gesetze steht, über welches ich mich bisher verbreitet habe, „Denn so durch das Gesetz die Gerechtigkeit kommt, so ist Christus vergeblich gestorben."*
Die Thatsache, daß du ein heiliges, geistliches unveränderliches Gesetz übertreten hast, und du deßhalb gerechterweise eine schreckliche Strafe über dich gebracht hast, steht deiner Seligkeit hindernd in dem Wege. Menschliche Weisheit aber kann die Frage, wie dies Hinderniß hinwegzuräumen sey, nie genügend beantworten. Laß uns jedoch sehen, was das Wort Gottes bezüglich des von unendlicher Liebe

---

* Gal. 2, 21.

angelegten Erlösungsplanes sagt. „Da aber die Zeit erfüllet ward, sandte Gott seinen Sohn, geboren von einem Weibe und unter das Gesetz gethan, auf daß er die, so unter dem Gesetz waren, erlösete, auf daß wir die Kindschaft empfingen."* Denn was dem Gesetze unmöglich war, (sintemal es durch das Fleisch geschwächet ward,) das that Gott, und sandte seinen Sohn in der Gestalt des sündlichen Fleisches, und verdammete die Sünde im Fleisch durch Sünde, auf daß die Gerechtigkeit vom Gesetz erfordert, in uns erfüllet würde, die wir nun nicht nach dem Fleische wandeln, sondern nach dem Geiste."†

Der Apostel behauptet nicht wie du bemerken wirst, daß das Gesetz an und für sich schwach und ungenügend, sondern nur durch das „Fleisch geschwächt" wurde, das heißt, unserer Verdorbenheit und unseres sündlichen Zustandes wegen wird das Gesetz unwirksam. In einer andern Stelle sagt der Apostel: „Nun aber ist ohne Zuthun des Gesetzes die Gerechtigkeit die vor Gott gilt, geoffenbaret und bezeuget durch das Gesetz und die Propheten.

---

* Gal. 4, 4, 5. † Röm. 8, 3, 4.

Das Werk des Erlösers für die Sünder.

Ich sage aber von solcher Gerechtigkeit vor Gott die da kommt durch den Glauben an Jesum Christum, zu Allen und auf Alle, die da glauben, denn es ist hier kein Unterschied, sie sind allzumal Sünder, und mangeln des Ruhms, den sie an Gott haben sollten; und werden ohne Verdienst gerecht aus seiner Gnade durch die Erlösung, so durch Christum Jesum geschehen ist, welchen Gott hat vorgestellt zu einem Gnadenstuhl durch den Glauben in seinem Blute."*

Außer den angeführten finden sich noch viele derartige Stellen in der heiligen Schrift, und sie zeigen alle aufs deutlichste, erstens, daß Christus in die Welt gekommen ist um für uns der Gerechtigkeit Genüge zu leisten, das heißt, die Ansprüche des Gesetzes Gottes zu erfüllen, wodurch Er das vollbrachte, was Gott von ihm an unserer Statt als Genugthuung annimmt.

Sie zeigen zweitens, daß Er, um dieser Gerechtigkeit Genüge zu leisten, uns erlösen muß, das heißt, unsere Befreiung vom Fluch des Gesetzes, dem wir ausgesetzt waren, durch die Bezahlung eines Lösegelds zu Stande zu bringen hatte.

---

* Röm. 3, 21–25.

Drittens geht aus diesen Stellen hervor, daß, um dieses Lösegeld zu bezahlen, er ein Opfer bringen mußte, damit die Strafe für die Sünde abgewendet und die Gunst Gottes gesichert werde, und zwar in einer mit Gottes heiligem Charakter und den Forderungen seines unabänderlichen Gesetzes übereinstimmenden Weise.

Sie zeigen viertens, daß in Anbetracht der Leiden Christi, Gott uns vergeben kann, und um dessenwillen, was Er that, Gott uns rechtfertigen und so behandeln will, als hätten wir nie gesündiget.

Wird ein eines Verbrechens angeklagter Mann von einem weltlichen Gerichtshof freigesprochen, so geschieht dies, weil die Anklage nicht begründet werden konnte, und er wird entlassen, weil man ihn nicht schuldig findet. Was nun die Freisprechung vor einem weltlichen Tribunal für uns ist, dies ist die Gerechtigkeit Christi für uns vor dem himmlischen Gerichtshof. Wir werden freigesprochen, nicht weil wir unschuldig sind oder die Anklage nicht begründet werden könnte, sondern um dessenwillen, was Christus für uns gethan, um den Forderungen des göttlichen Gesetzes zu genügen.

Vielleicht erinnerst du dich einer Geschichte, die man von Aeschylus, einem berühmten griechischen Dichter erzählt. Es wird gesagt, daß er eines großen Vergehens wegen arretirt, prozessirt und zum Tode verurtheilt wurde. Schon wollte man das Urtheil vollstrecken, als sein Bruder, welcher sich durch ausgezeichnete Dienste die Dankbarkeit seines Vaterlandes erworben und eine Hand im Kampf wider die Perser verloren hatte, sich den Richtern gegenüber stellte und ohne ein Wort zu sprechen seinen verstümmelten Arm erhob. Dieser Anblick war so rührend, und das Volk war dem Helden so verpflichtet, daß die Richter den Verurtheilten sogleich in Freiheit setzten, nicht, wie du sehen wirst, wegen irgend etwas, das dieser zur Erwerbung ihrer Gunst gethan, sondern um der Thaten seines Bruders willen.

Ich will nicht behaupten, daß diese geschichtliche Thatsache das für uns durch Christus vollbrachte Werk genau illustrirt, denn der Bruder des Aeschylus hatte nichts vollbracht, was den Ansprüchen des Gesetzes, das diesen verurtheilte, genügen konnte; wenn aber die Richter den Gefangenen lossprechen konnten, weil sie für dessen Bruder Sympathie fühlten, und seine patriotischen Thaten bewunderten, um wie viel mehr wird Jesus Christus, wenn er seine einst durchbohrten Hände vor dem Throne des Ewigen erhebt, und darthut wie er selbst die Ansprüche der Gerechtigkeit befriedigt habe, die Lossprechung des Gläubigen bewirken!

Eine von Charlotte Elizabeth erzählte Geschichte bietet aber noch eine bessere Illustration des Werks Christi für uns. Es wird nämlich berichtet, daß diese ausgezeichnete, fromme und nützliche Dame unternommen habe, einen taubstummen Knaben, Namens Jakob, zu erziehen. Er war in der ersten Zeit im höchsten Grade unwissend; aber durch die aufopfernden Anstrengungen seiner Lehrerin wurde er unter dem Beistande Gottes ein sehr intelligenter, glückseliger Christ. „Er sagte mir," erzählt Charlotte Elizabeth, „daß wenn er eine lange Zeit im Grab gelegen habe, Gott laut rufen würde: Jakob! und hierauf würde er aufstehen und sagen: ‚Ja, hier ist Jakob.' Alsdann würde er um sich sehend Gott auf seinem Throne und die Menge, welche sich um ihn versammelt hat, schauen. Gott würde ein sehr großes Buch—das er Bibelbuch nannte—in der Hand haben, und würde ihn, den Jakob, auffordern vor den Thron zu kommen, während Er das Buch öffnet und die Aufschriften der Seiten liest, bis er den Namen Jakob findet. Auf dieser Seite, sagte Jakob, würden alle seine bösen Thaten aufgezeichnet stehen, jede Sünde sey genau notirt und die Seite sey ganz überschrieben. Gott würde alle Worte genau betrachten und lesen und das Geschriebene an das Sonnenlicht halten; aber Er könne trotz dem nichts lesen als: ‚Nein, nein, nichts, keine.' Ich fragte Jakob ein wenig erschrocken, ob er denn noch nie etwas Böses gethan habe. O, sagte er, sehr viel; aber als ich das erstemal zu Jesus ernstlich betete nahm er das Buch aus Gottes Hand, fand die Seite, welche mit meinem Namen überschrieben ist, öffnete die Wunde in seiner Hand und ließ ein wenig Blut daraus fließen, und damit bestrich er die ganze Seite, so daß, wie Jakob sehr schön sagte, Gott nunmehr nichts von allen seinen Uebelthaten aufgezeichnet finden könne, und weil nichts gegen Jakob vorliege, so würde Gott das Buch schließen, und er würde vor dem Throne stehen

bleiben, bis der Herr Jesus komme und zu Gott
sage: Mein Jakob! indem er ihn in seine Arme
nehmen, zur Seite führen und ihm bedeuten würde,
bei seinen Engeln stehen zu bleiben, bis die Andern
gerichtet seyen."

Der arme Knabe wollte hiemit sagen, daß ob=
wohl er keine eigene Gerechtigkeit habe, die Gerech=
tigkeit Christi Alles für ihn thue, und Gott um des
Erlösungswerks des Herrn willen, durch welches
dieser den Ansprüchen des göttlichen Gesetzes nach=
gekommen ist, ihn in Gnaden annehmen werde.

Wir wollen jedoch, um genau zu verstehen, was
der Herr Jesus Christus für unsere Erlösung gethan,
die durch ihn gestiftete Versühnung ein wenig näher
betrachten. Wir lesen in der heiligen Schrift,

**Daß Christus die Vorschriften des Gesetzes
vollkommen erfüllte.**

Er war „heilig, unschuldig, unbefleckt und von
den Sündern abgesondert."* Er „hat keine Sünde
gethan, noch ward Betrug in seinem Munde er=
funden."† „Wisset, daß ihr nicht mit vergäng=

---

* Heb. 7, 26.   † 1 Pet. 2, 22.

lichem Silber oder Gold erlöst seid von eurem eitlen Wandel nach väterlicher Weise, sondern mit dem theuren Blute Christi als eines unschuldi= gen und unbefleckten Lammes."* Ueber sich selbst giebt Jesus das Zeugniß: „Ich thue allezeit, was meinem Vater gefällt."† Zu den Juden sich wendend, sagte er bei einer gewissen Gelegenheit: „Welcher unter euch kann mich einer Sünde zeihen?"‡ und obgleich sie außerordentlich scharf beobachteten und nichts unterließen, um eine Ursache zu haben, ihn anzuklagen, durfte keiner wagen, ihn eines Vergehens zu beschuldigen. Pilatus, der römische Statthalter, vor welchem Jesus verhört wurde, fragte dessen Feinde: „Was hat Er denn Uebels ge= than?"§ und erklärte öffentlich: „Ich bin unschul= dig an dem Blut dieses Gerechten;‖ ich finde keine Ursache an diesem Menschen."¶ Solches ist das Zeugniß derer, die ihn zum Tode verurtheilten, während er selbst kurz vor seiner Kreuzigung er= klärte, daß „der Fürst dieser Welt," der Böse, „ge=

---

* 1 Pet. 1, 18, 19.   † Joh. 8, 29.   ‡ Joh. 8, 46.
§ Matth. 27, 23.   ‖ Matth. 27, 24.   ¶ Luk. 23, 4.

kommen sey und nichts an ihm habe;"* das heißt, nichts, das er sein eigen nennt, das von ihm ausgeht, das er eingiebt, das er zu sehen liebt, selbst nicht etwas, das in Sympathie mit der Sünde steht, kann an mir gefunden werden.

Um kurz zu seyn, sey nur bemerkt, daß der Herr nie während seines ganzen Erdenlebens eine That beging, welche nicht hätte geschehen sollen, daß er nie etwas unterließ, was hätte gethan werden sollen, daß er nie ein unrechtes, unschickliches Wort aussprach und daß die himmlische Reinheit seiner Seele niemals durch einen einzigen unheiligen Wunsch oder durch eine unreine Absicht befleckt wurde. Oder in andern Worten: Christus erfüllte das ganze göttliche Gesetz vollkommen in Gedanken, Worten und Werken; er war demselben seinem ganzen Umfange nach aufs pünktlichste Gehorsam, und trug während er dies ausführte dieselbe menschliche Natur, die sich dem Gebot gegenüber so ungehorsam gezeigt hatte. Er hatte die menschliche Natur angenommen; Er war wahrhaftiger Mensch, und wurde in jeder Beziehung, mit Ausnahme der

---

* Joh. 14, 30.

Sünde, uns gleich. Als Mensch liebte er Gott mit seinem ganzen Herzen, mit seiner ganzen Seele, und mit ganzem Gemüthe und alle andern Menschen wie sich selbst. Deßhalb wurde das Gesetz in allen seinen Vorschriften durch diesen fleckenlosen Gehorsam geehrt und befriedigt, und konnte keine genauere Uebereinstimmung mit seinen Geboten noch eine strengere Gerechtigkeit fordern; denn Jesus Christus war so heilig als Gott selbst.

Aber die heilige Schrift sagt nicht bloß, daß Christus in seiner menschlichen Natur das Beispiel eines vollkommenen Gehorsams dargestellt, sondern sie erklärt auch daß er

Die Strafe des Gesetzes erlitten habe.

Hiemit meine ich nicht, daß er die ganze Strafe zu leiden hatte, die, wenn er nicht das Erlösungswerk vollbracht hätte, über uns gekommen wäre; denn wie gezeigt wurde, bestand ein Theil dieser Strafe in ewigem Tode. Nichts destoweniger jedoch ist festzuhalten, daß Christus die Strafe in einer Weise erduldete, daß hiedurch dem Gesetze sowohl, als der göttlichen Gerechtigkeit vollkommene

Genugthuung gegeben wurde, wodurch es denn ermöglicht wird, daß der heilige Gott ohne sich zu widersprechen die Gottlosen rechtfertigen kann.

Die Geschichte berichtet, daß in alten Zeiten Zaleukus, ein Gesetzgeber der im südlichen Italien wohnenden Lokrer einst ein Gesetz erließ, welches den Ehebruch aufs strengste verbot. Die Strafe dieses Verbrechens bestand im Verlust beider Augen. Sein eigener Sohn war einer der ersten, die sich gegen das Gesetz vergingen. Der Vater widersetzte sich hartnäckig den Bitten des Volkes, die Strafe zu mildern. Und dennoch liebte er seinen Sohn aufs innigste, war aber entschlossen das Ansehen des Gesetzes um jeden Preis aufrecht zu erhalten, und um diese Absicht mit seiner aufopfernden Vaterliebe zu verbinden ließ er sich zuerst ein Auge und dann seinem Sohne ein Auge ausstechen. Und ist es nicht deutlich, daß hiedurch der Zweck des Gesetzes, die Absicht mit welcher es gegeben vollkommen erreicht wurde, ja daß demselben selbst in besserer Weise Genugthuung gegeben wurde, als wenn die ganze Strafe buchstäblich den Sohn getroffen hätte? Der große Zweck des Gesetzgebers war vollkommen

Chriſtus litt die Strafe.

erreicht, das Volk wurde hiedurch von dem unum=
ſtößlichen Entſchluß, die Hochachtung vor dem Geſetz
und der Regierung zu bewahren, beſſer überzeugt,
als wenn die gedrohte Strafe den Sohn allein
getroffen hätte.

So gewiß es denn iſt, daß Chriſtus nicht die
Strafe des ewigen Todes litt, ebenſo gewiß iſt es,
daß er den Anforderungen des Geſetzes ſo vollkom=
men nachgekommen und die Anſprüche der göttlichen
Gerechtigkeit ſo vollſtändig befriedigt, hat als wenn
die ganze Menſchheit für immer die Strafe für die
Sünde erduldete.

Erinnere dich, daß er der Glanz von ſeines Vaters
Herrlichkeit, und das Ebenbild ſeines Vaters war,
und alle Dinge mit ſeinem kräftigen Worte trägt.*
„Welcher obwohl er in göttlicher Geſtalt war, hielt
er es nicht für einen Raub Gott gleich zu ſeyn,
ſondern äußerte ſich ſelbſt und nahm Knechtsgeſtalt
an, ward gleich als ein anderer Menſch und an
Geberden als ein Menſch erfunden. Er erniedrigte
ſich ſelbſt und ward gehorſam bis zum Tod, ja zum
Tod am Kreuz."† Die heilige Schrift bezeugt

---
* Heb. 1, 3.   † Phil. 2, 6–8.

überall, daß er sowohl wirklicher Gott, als wirklicher Mensch war, und dies nicht außer Augen verlierend, dir immer vorhaltend, daß ihm die Bibel göttliche Eigenschaften,* göttliche Namen† und göttliche Werke‡ beilegt, und von uns fordert, daß wir ihn göttlich verehren,§ so wirst du, wie ich hoffe, vorbereitet sein, zu erkennen, daß sein Leiden nicht nur von seiner unendlichen Herablassung zeugt, sondern auch von unschätzbaren Werth ist.

Du bist ohne Zweifel mit der Thatsache bekannt, daß Christus in einem Stalle geboren wurde. Du weißt ferner, daß Herodes ihm nach dem Leben trachtete, als er noch ein Kind war, und daß als seine irdischen Eltern wieder in ihr Vaterland zurückgekehrt waren, sie sich in dem verachteten Städtchen Nazareth niederließen und Jesus „der Zimmermann,"‖ und „eines Zimmermanns Sohn,"¶ genannt wurde. Als er endlich „in sein Eigenthum kam, nahmen ihn die Seinen nicht auf."** Er war wie ein Reis und wie eine Wurzel aus

---

* Col. 2, 9. † Jes. 9, 6. ‡ Col. 1, 16.
§ Heb. 1, 6. ‖ Mark 6, 3. ¶ Math. 13, 55.
** Joh. 1, 11.

dürrem Erdreich. Er hatte keine Gestalt noch Schöne; wir sahen ihn, aber da war keine Gestalt, die uns gefallen hätte. Er war der Allerverachtetste und Unwerthetste, voller Schmerzen und Krankheit. Er war so verachtet, daß man das Angesicht vor ihm verbarg; darum haben wir ihn nichts geachtet, sondern hielten ihn für den, der geplagt und von Gott geschlagen und gemartert wäre.* Er war der Zöllner und Sünder Freund,† und so arm an irdischen Gütern, daß er von sich selbst sagte: „Die Füchse haben Gruben und die Vögel unter dem Himmel Nester; aber des Menschensohn hat nicht, wo er sein Haupt hinlege."‡

Wir lesen in der heiligen Schrift, daß sich Christus oft von dem Volke zurückzog, um im Verborgenen zu beten und daß Er „über Nacht in dem Gebet zu Gott blieb,"§ als ob er von schweren Leiden niedergedrückt werde und nur im Gebet Erleichterung finden könne. Der Apostel sagt uns, daß er in den Tagen seines Fleisches Gebet und Flehen mit starkem Geschrei und Thränen geopfert habe zu

---

* Jes. 53, 2-6.   † Math. 11, 19.   ‡ Math. 8, 20.
§ Luk. 6, 12.

dem, der ihm von dem Tode konnte aushelfen,* und die schrecklichen Seelenleiden und Körperschmerzen, die ihn, wie er wußte erwarteten, hat er, weil sie ihm stets gegenwärtig waren, während seines ganzen Lebens in gewissem Grade erduldet.

Deßhalb ruft er einmal aus: „Ich muß mich zuvor taufen lassen mit einer Taufe, und wie ist mir so bange, bis sie vollendet ist!"† Ein andermal als einige Griechen dem Philippo sagten, sie seyen gekommen, um Jesum zu sehen, scheint er diesen Umstand anfänglich als Bürgschaft anzusehen, daß nunmehr bald alle Nationen gläubig werden würden, während er sich aber im Geist freut über die gute Aussicht, daß sein Reich nunmehr kommen werde, scheint plötzlich eine beängstigende Vision vor ihm vorübergezogen zu seyn und er ruft aus: „Jetzt ist meine Seele betrübt. Und was soll ich sagen? Vater, hilf mir aus dieser Stunde. Doch darum bin ich in diese Stunde gekommen." Ferner lesen wir: Er und seine Jünger „waren auf dem Wege und gingen hinauf gen Jerusalem, und Jesus ging vor ihnen, und sie entsetzten sich

---

* Heb. 5, 7. † Luk. 12, 50.

Christus litt die Strafe.

und folgten ihm nach und fürchteten sich."* Jedenfalls mußte ihnen das Aussehen des sanften und demüthigen Dulders aufgefallen seyn, wodurch denn in diesen, seinen erwählten und vertrauten Gefährten, solche Furcht erzeugt wurde.

„Und Jesus nahm abermal zu sich die Zwölfe, und sagte ihnen was ihm widerfahren würde: Siehe, wir gehen hinauf gen Jerusalem und des Menschensohn wird überantwortet werden den Hohenpriestern und Schriftgelehrten, und sie werden ihn verdammen zum Tode und überantworten den Heiden. Die werden ihn verspotten und geißeln, und tödten, und am dritten Tage wird er auferstehen."†

Gegen das Ende seines Lebens wurden die Schatten dieser geheimnißvollen Leiden dunkler, und die Vorempfindung derselben wurde schmerzlicher. Endlich, nachdem Jesus das Sakrament des Abendmahls eingesetzt hatte, wobei Brot und Wein gebraucht wurden, um seinen gemarterten Leib und sein vergossenes Blut, zur Vergebung der Sünden geopfert, darzustellen, ging er mit seinen Jüngern

---

* Mark 10, 32. † Mark 10 32—34.

in einen Garten Namens Gethsemane, „und nahm zu sich Petrum und die zwei Söhne Zebedäi und fing an zu trauern und zu zagen, da sprach Jesus zu ihnen: Meine Seele ist betrübt bis an den Tod; bleibet hier und wachet mit mir. Und ging hin ein wenig und fiel nieder auf sein Angesicht und betete und sprach: Mein Vater, ist es möglich, so gehe dieser Kelch von mir; doch nicht wie ich, sondern wie du willst. Und er kam zu seinen Jüngern und fand sie schlafend und sprach zu Petro: Könnt ihr denn nicht eine Stunde mit mir wachen?"* „Und es war um die sechste Stunde und es ward eine Finsterniß über das ganze Land bis um die neunte Stunde."†

Einer seiner Jünger verrieth ihn für dreißig Silberlinge; ein anderer verläugnete ihn, indem er betheuerte, daß er ihn nie gekannt habe, und alle verließen ihn und flohen.

In seiner Angst allein gelassen wurde Jesus von der Rotte ergriffen und vor den Richtstuhl des Hohenpriesters gebracht, und nach einem flüchtigen Verhör zum Tode verurtheilt, gespieen, verhöhnt

---

* Math. 26, 37–40. † Luk. 22, 44.

und schändlich behandelt. Den folgenden Morgen wurde er vor Pilatus, den römischen Landpfleger, geführt, welcher nur ungern das Todesurtheil bestätigte, und nachdem sie Jesum grausam gegeißelt und eine Dornenkrone auf sein Haupt gesetzt hatten, wurde er mit dem Kreuze auf den Schultern zur Kreuzigung abgeführt.

Ich möchte deine Aufmerksamkeit besonders darauf richten, daß Jesus in seinem Leiden und Todeskampf von Niemand getröstet und unterstützt wurde, wie dies seither mit dem ärmsten seiner Nachfolger in der Todesstunde der Fall war. Sie sind, Triumphlieder singend, mit leuchtendem Angesicht und hoffnungsvollem Auge zur Folterbank, zum Scheiterhaufen, zum Kreuz gegangen; aber an dem Sündlosen auf seinem Gange nach Golgotha finden wir dergleichen nicht. Er ist ermüdet, sein Schritt wankend, die Last ist so drückend, daß er unter derselben zusammenbricht, und als er endlich zwischen zwei Mördern ans Kreuz geheftet war, wird der Tag plötzlich in mitternächtliches Dunkel gehüllt und durch die grauenerregende Finsterniß dringt, wie die Klage der Verzweiflung, der Schrei des Verlassen=

seins, der Angst: „Mein Gott, mein Gott, warum hast du mich verlassen?"*

Du bist vielleicht der Ansicht, daß ich mich unnöthiger Weise zu lange bei den Leiden des Erlösers aufgehalten habe; jedoch ich halte es für sehr wichtig, daß du dir der Thatsache, der einzige Heilige, welcher je auf Erden lebte, sey zugleich auch der größte Dulder gewesen, recht bewußt werdest.

Er, der Fürst des Lebens,† der Herr der Herrlichkeit,‡ welcher sein Leben ganz und gar in seiner Gewalt hatte, so daß er sagen konnte: „Niemand nimmt es von mir, sondern ich lasse es von mir selber;"§ „er hat unsere Schwachheit auf sich genommen und unsere Seuche hat er getragen;"‖ er ward von dem Teufel versucht,¶ erduldete solches Widersprechen von den Sündern, wurde für seine Güte und Liebe von der Welt mit Haß und Verachtung bezahlt,** und während sein Herz vor Schmach fast brach,†† war ihm das Angesicht seines Vaters verborgen als ob er sich unverzeihlicher Sünden

---

* Math. 27, 46. † Ap. 3, 15. ‡ 1 Cor. 2, 8
§ Joh. 10, 18. ‖ Math. 8, 17. ¶ Luk. 4, 2.
** Joh. 7, 20. †† Pslm. 69. 20.

schuldig gemacht und verdient hätte, von Gott und Menschen verlassen zu werden.

Und was war denn die Ursache von all dem? hat denn Gott nicht mit Hinsicht auf die Gerechtigkeit, die aus dem Gesetz kommt gesagt, „daß welcher Mensch dies thue, darinnen leben werde"? Und hat Christus nicht alle Gebote ohne Ausnahme in ihrem ganzen Sinn vollkommen gehalten? Hat Gott nicht gesagt: „Welche Seele sündiget, die soll sterben,"* und „Der Tod ist der Sünde Sold"?† Wie kam es denn, daß der Sohn Gottes, welcher von keiner Sünde wußte, während seines ganzen irdischen Lebens, solch grausamen, entehrenden Tod sterben mußte? Einen Tod, welcher, wenn nicht eine genügende Erklärung dafür gegeben werden kann, gewißlich einen bedeutenden Schatten auf den Charakter Gottes werfen, seinen Thron umstoßen und das Fundament seiner Regierung untergraben mußte.

Jedoch, wir wenden uns zur heiligen Schrift, um zu sehen was diese über diesen merkwürdigen Tod

---

* Hes. 18, 4.   † Röm. 6, 23.

sagt: „Er ist um unserer Missethat willen verwundet, und um unserer Sünde willen zerschlagen. Die Strafe liegt auf ihm, auf daß wir Frieden hätten und durch seine Wunden sind wir geheilt. Wir gingen alle in der Irre wie Schafe, ein Jeglicher sahe auf seinen Weg; aber der Herr warf unser aller Sünde auf ihn."* „Christus wird (für das Volk) ausgerottet werden und nichts mehr seyn."† „Des Menschensohn kam, daß er sein Leben gebe zu einer Erlösung für viele."‡ „Nun stirbt kaum Jemand um des Rechtes willen; um etwas Gutes willen dürfte vielleicht Jemand sterben. Darum preiset Gott seine Liebe gegen uns, daß Christus für uns gestorben ist, da wir noch Sünder waren."§ „Christus ist gestorben für unsere Sünden nach der Schrift."‖

„Er ist die Versöhnung für unsere Sünden."¶ „Christus aber hat uns erlöset von dem Fluch des Gesetzes, da er ward ein Fluch für uns."** „Welcher unsere Sünden selbst geopfert hat an seinem

---

* Jes. 53. † Dan. 9, 26. ‡ Math. 20, 28.
§ Röm. 5, 7, 8. ‖ 1 Kor. 15, 3. ¶ 1 Joh. 2, 2.
** Gal. 3, 13.

Leibe auf dem Holze."* „Er hat den, der von keiner Sünde wußte, für uns zur Sünde gemacht, auf daß wir würden in ihm die Gerechtigkeit die vor Gott gilt."†

Wenn die Sprache dazu gebraucht werden kann, irgend welche Wahrheit auszudrücken, so lehren diese, wie andere Stellen, die angeführt werden könnten, gewiß aufs deutlichste, daß Jesus Christus eine wirkliche und die rechte Versöhnung für die Sünde darbrachte. Er hat nicht nur alle Vorschriften des Gesetzes, welches die Menschen übertreten haben, erfüllt, sondern erduldete auch die Strafe des Gesetzes, welcher alle Menschen gerechterweise verfallen sind. „Er ist erschienen, durch sein eigenes Opfer die Sünde der Welt aufzuheben,"‡ und machte Frieden durch das Blut an seinem Kreuze durch sich selbst,§ und „hat ausgetilgt die Handschrift, so wider uns war, welche uns entgegen war, und hat sie aus dem Mittel gethan und an das Kreuz geheftet."‖

In solcher Weise befriedigte er die Ansprüche

---

* 1 Pet. 2, 24.   † 2 Kor. 5, 21.   ‡ Heb. 9, 26.
§ Col. 1, 20.   ‖ Col. 2, 14.

göttlicher Gerechtigkeit. Er hat das Gesetz herrlich und groß gemacht,* seinen heiligen, hohen Charakter bewahrt und das Regiment Gottes aufrecht erhalten. Er offenbarte die Eigenschaften Gottes im hellsten und angenehmsten Lichte zugleich, denn nur in ihm und durch sein Erlösungswerk können sich „Güte und Treue einander begegnen und Gerechtigkeit und Friede sich küssen."†

Es ist deßhalb nicht zu verkennen, daß er denen, die in ihn vertrauen ein Stellvertreter oder Bürge, eine Person ist, welche sich verbindet, die Verpflichtungen eines andern zu übernehmen und dessen Schulden zu bezahlen. Angenommen, ich sey dir eine große Geldsumme schuldig, welche ich zu bezahlen nicht fähig bin, und du könntest mich so lange ins Gefängniß setzen lassen, bis ich die ganze Schuld abtrage, und ich hätte einen Freund, welcher zu dir kommen und sagen würde: „Hier ist das Geld, welches dir mein Freund schuldet;" so ist es klar, daß sobald du dieses Geld angenommen hättest, ich aus dem Gefängniß entlassen werden müßte, und

---

* Jes. 42, 21. † Pslm. 85, 11.

zwar nicht weil ich etwas dazu beigetragen, meine Schulden zu bezahlen, sondern um dessenwillen, was mein Bürge für mich gethan hat.

Es wird berichtet, daß Paulinus, der Bischof zu Nola, welcher im fünften Jahrhundert lebte, sein ganzes großes Vermögen zur Loskaufung seiner Landsleute verwendet habe, welche von den Gothen, die Raubzüge durch das Land machten, gefangen worden. Nachdem seine Mittel bereits gänzlich erschöpft waren, klagte ihm eine Wittwe, daß ihr einziger Sohn, die Stütze ihres Alters, in die Gefangenschaft nach Afrika geschleppt worden sey. Paulinus machte sich sogleich auf den Weg, fand den Jüngling und schlug dem Herrn desselben vor, daß er (Paulinus) an des Sklaven Statt unter der Bedingung dienen wolle, daß dieser zu seiner Mutter zurückkehren dürfe. Der Herr ging auf den Antrag ein, und der Bischof leistete an der Stelle des Jüngling die geforderten Dienste, um diesen von der Sklaverei zu erlösen.

Solches will Jesus Christus, der ewige, gottgleiche Sohn Gottes für alle Diejenigen, welche an ihn glauben, vollbringen. Er ist willig, ihren

Platz einzunehmen und alle ihre Verschuldung gegen das Gesetz zu bezahlen, daß sie von dessen Fluch erlöst und sich in der Gemeinschaft mit Gott erfreuen möchten. Er, und er allein kann dieses thun, weßhalb der Apostel sagt: „Es ist in keinem Andern Heil und ist kein anderer Namen den Menschen gegeben, darinnen sie können selig werden."*

„So ist nun nichts Verdammliches an denen, die in Christo Jesu sind,"† obgleich, wie ich zur Genüge nachgewiesen, der Natur der Sache nach, denen, welche nicht in Christo Jesu sind, nichts als die Verdammniß bevorsteht.

Hier wirft sich jedoch eine sehr wichtige Frage auf, welche ich deiner besondern Beachtung vorlege. Wem gelten alle diese herrlichen Verheißungen und Anerbietungen, und für wen tritt Christus als Bürge ein?

Die heilige Schrift beantwortet auch diese, wie alle andern Fragen, welche sich uns bisher aufgedrängt; laß uns hören, was sie sagt.

„Christus ist des Gesetzes Ende, wer an ihn glaubt, der ist gerecht."‡

---
* Apost. 4, 12. † Röm. 8, 1. ‡ Röm. 10, 4.

Christus litt die Strafe.

Christus ist des Gesetzes Ende,—das heißt, Er erfüllt das Gesetz,—Er befriedigt dessen Forderungen,—Er entfernt die Strafe desselben für Jeden, welcher an ihn glaubt, und natürlich nur für den Gläubigen. Hieraus ziehen wir deßhalb den Schluß, daß der Glaube an den Erlöser die Bedingung zur Seligkeit ist.

Dritter Theil.

Die Nothwendigkeit des Glaubens an den Erlöser.

In der ersten in der Bibel berichteten Unterhaltung, welche Jesus mit seinem heilsuchenden Sünder hatte, aufgezeichnet im dritten Kapitel des Evangeliums Johannis, lesen wir, daß Jesus, nachdem er Nicodemus auf die Nothwendigkeit der Wiedergeburt, oder Erneuerung durch den heiligen Geist aufmerksam gemacht, diesem erklärt, auf welche Weise diese Umwandlung zu Stande kommen könne. „Wie Moses in der Wüste eine Schlange erhöht hat, also muß des Menschensohn erhöhet werden; auf daß Alle, die an ihn glauben, nicht verloren werden, sondern das ewige Leben haben. Also hat Gott die Welt geliebt, daß er seinen eingebornen Sohn gab, auf daß Alle, die an ihn glauben, nicht verloren werden, sondern das ewige Leben haben."* Und das Kapitel endigt mit folgenden Worten: „Wer an den Sohn glaubet, der hat das ewige Leben. Wer dem Sohne nicht glaubet, der wird das Leben nicht sehen, sondern der Zorn Gottes bleibet über ihm."†

In Uebereinstimmung mit dieser feierlichen, bestimmten gleich beim Antritt seines Lehramtes ausgesprochenen Erklärungen verfolgte er in seinem ganzen Leben den Zweck, die Menschen zu bewegen, an ihn zu glauben. Als jene, die einer seiner gewaltigen Predigten zugehört hatten, fragten: „Was sollen wir thun, daß wir Gottes Werke wirken? antwortete er: „Das ist Gottes Werk, daß ihr an den glaubet, den er gesandt hat."‡ Von den Kranken und Leidenden, die zu ihm kamen, um geheilt zu werden, forderte er nur, daß sie an ihn glauben sollten und unter dieser Bedingung werde er ihre Bitte erfüllen. „Wenn du glauben könntest," sagt er, „alle Dinge sind möglich, dem, der da glaubt."§ „Wer an mich glaubt, der wird leben,

---

* Joh. 3, 14–16.   † Joh. 3, 36.   ‡ Joh. 6, 28, 29.
§ Mark 9, 23.

ob er gleich stürbe. Und wer da lebet und glaubet an mich, der wird nimmermehr sterben."*

Mit diesen und ähnlichen Erklärungen, welche er während seines irdischen Lehramts abgab, stimmen auch die Anweisungen überein, die er seinen Botschaftern für alle Zeiten gegeben hat, deutlich darzustellen, daß zur Seligkeit der Glaube an ihn unumgänglich nothwendig sey. Nach seiner Auferstehung von den Todten und kurz vor seiner Himmelfahrt gab er seinen Aposteln diesen Auftrag: „Gehet hin in alle Welt und prediget das Evangelium aller Creatur. Wer da gl a u b et und getauft wird, der wird selig werden; wer aber nicht glaubet, der wird verdammt werden."†

Wenn deßhalb ein heilsuchender Sünder die Apostel, welche die Welt durchzogen, um die Menschen zur Buße zu rufen, fragte: „Liebe Herren, was soll ich thun, daß ich selig werde?" antworteten diese: „Gl a u b e an den Herrn Jesum Christum, so wirst du selig."‡ Und das Lieblingsthema über das sich die Apostel in ihren Briefen an die Ge=

---

* Joh. 11, 25, 26. † Mark 16, 15, 16. ‡ Apost. 16, 31.

meinden gerne verbreiten, und welches sich durch alle Episteln gleich einem rothen Faden durchzieht ist der **Glaube an Christum**. „Nun wir denn sind gerecht geworden durch den **Glauben**, so haben wir Frieden mit Gott, durch unsern Herrn Jesum Christum."* „Das ist sein Gebot, daß wir **glauben an den Namen seines Sohnes Jesu Christi**."†

Deßhalb darf es uns nicht wundern, daß Unglaube eine schwere Sünde ist. Es ist nicht ein bloßer intellektueller Irrthum, sondern ein schreckliches Verbrechen und wird demgemäß bestraft werden. „Wer nicht glaubet, der ist schon gerichtet; denn er glaubet nicht an den Namen des eingebornen Sohnes Gottes."‡ Indem unser Heiland seinen Jüngern die Wirkungen des heiligen Geistes bezüglich der Erlösung aus einander setzt, erklärt er, daß der heilige Geist die Menschen zuerst um der Sünde willen strafe. Welche Sünde ist hier wohl gemeint? Gewiß die des Unglaubens, als die Hauptsächlichste, die Quelle aller andern;

---

* Röm. 5, 1.   † 1 Joh. 3, 23.   ‡ Joh. 3, 18.

denn er sagt: „Um die Sünde, daß sie nicht an mich glauben."* Unglaube beleidigt, während er zu vielen Sünden Veranlassung giebt, die Majestät des Höchsten, indem er das, was Gott gesagt und was er für unsere Erlösung gethan hat, läugnet, oder wenigstens doch geringschätzt. „Wer Gott nicht glaubt, der macht ihn zum Lügner, denn er glaubt nicht dem Zeugniße, das Gott zeuget von seinem Sohne."† Deßhalb stehet geschrieben: „den Ungläubigen und Greulichen und Todtschlägern, und Hurern und Zaubern und Abgöttischen, und allen Lügnern, deren Theil wird sein in dem Pfuhl, der mit Feuer und Schwefel brennt, welches ist der andere Tod.‡ Die Thatsache, daß diejenigen, welche nicht an den Herrn Jesum Christum glauben, hier mit den verworfensten Sündern zusammengestellt werden, zeigt deutlich die große Sünde des Unglaubens, und beweist unwiderlegbar, daß so lange du in dieser Sünde beharrst, von deiner Seligkeit nicht die Rede seyn kann, so liebenswürdig und sittlich du auch nach deiner Meinung, oder der Anderer seyn magst.

---

* Joh. 16, 9. † 1 Joh. 5, 10. ‡ Off. 21, 8.

Darum ist Glaube—Glaube an den Herrn Jesum Christum zu deiner Seligkeit nothwendig. Du solltest dich nicht sowohl über dein vergangenes Leben, noch über deine Tüchtigkeit, ein ernster Christ zu seyn, oder über die dir etwa in der Zukunft bevorstehenden Versuchungen befragen; noch ist es deine nächste Aufgabe, dich mit den schwierigen Lehren der Bibel zu befassen, oder das Betragen der Heuchler in der Kirche Christi einer Untersuchung zu unterwerfen; denn diese Dinge werden dir nicht behülflich seyn, das Ziel zu erreichen; sondern die Frage, welche du dir vorlegen solltest lautet: hast du den Glauben an Christum, von welchem die Bibel so bestimmt erklärt, daß er zu deiner Erlösung vom Fluch des Gesetzes so unumgänglich erforderlich sey, und ohne welchen es unmöglich ist, Gott zu gefallen.*

Um diese große Frage zu deiner Zufriedenheit beantworten zu können, ist es wichtig, daß du dir klar bist.

---

* Heb. 11, 6.

Was unter dem Glauben an Christum zu verstehen ist.

Der Ausdruck „Glaube" bedeutet einmal das Fürwahrhalten eines Zeugnisses. Seligmachender Glaube ist die Zuversicht auf Christum als unsern Erlöser und das Vertrauen in die herrlichen von ihm den Sündern gegebenen Verheißungen. Wir eignen uns das meiste Wissen durch Glauben an, das ist, wir glauben, was wir lesen oder uns gesagt wird, wodurch wir lernen. So z. B. hast du niemals den General Washington, den ersten Präsidenten der Vereinigten Staaten gesehen, und dennoch bist du so fest davon überzeugt, daß er lebte, als ob du ihn persönlich gekannt hättest. Und weßhalb hast du denn diese Ueberzeugung? Einfach deßhalb, weil du solches Zeugniß besitzest, daß es über allen Zweifel fest steht, ein solcher Mann habe gelebt, und daß du bist dessen so gewiß als von deinem eigenen Dasein.

Vielleicht hast du nie die Stadt Rom in Italien gesehen, und doch zweifelst du so wenig an ihrem Vorhandensein, daß wenn du Geschäfte wegen dort=

Was ist Glauben an Jesum Christum? 71

hin reisen müßtest, oder zu deinem Vergnügen die Stadt besuchen wolltest, du dein Vaterland mit der Ueberzeugung verlassen würdest, diese berühmte Hauptstadt gewiß zu erreichen, es sey denn, du würdest durch unvorhergesehene Umstände verhindert, deinen Entschluß auszuführen. In diesem Fall denkst du auch keinen Augenblick daran, das Zeugniß anderer über Rom nicht anzunehmen.

Es ist sehr wahrscheinlich, daß du dich nie damit abgegeben, die Entfernung der Erde von der Sonne und dem Mond, oder der verschiedenen zu unserem Planetensystem gehörenden Planeten zu berechnen, und dennoch vertrauest du, wie ich glaube, den Aussagen praktischer Astronomen, welche solche Berechnungen angestellt, und ganz genaue Resultate erzielt haben.

Wir sind eben von Gott so geschaffen und in solche Umstände versetzt, daß wir nothwendigerweise das Zeugniß anderer in vielen Beziehungen so vertrauungsvoll anzunehmen haben, als hätten wir das, was sie aussagen, selbst gesehen und untersucht. Wenn, während du dies liest, eine Person, welche du von Kindheit an gekannt, und in deren

Wahrhaftigkeit du vollkommenes Vertrauen setzst, zu dir kommt, zu berichten, daß soeben ein Haus eingestürzt sey, unter dessen Trümmern dein theuerster Freund begraben liege, würdest du dieser Aussage nicht Glauben schenken? Würdest du nicht in Aufregung und Trauer der Stätte des Unglücks zueilen? Gewiß. Du schenkest nicht allein dem Zeugniß Glauben, sondern dasselbe würde auch einen tiefen Eindruck auf dein Herz machen und deine Handlungsweise beeinflußen.

Ober wenn dieselbe Person, welche dir diese Nachricht brachte, und die dich nie getäuscht hat, dir ein bestimmtes, feierliches Versprechen gäbe, an einem gewissen Tage etwas für dich zu thun, an dessen Ausführung dir sehr viel gelegen ist, würdest du nicht gewiß darauf rechnen, daß dein Freund sein Versprechen halten würde? Würde dir nicht sein Wort hinreichende Bürgschaft hierfür seyn? Fühltest du nicht des gegebenen Versprechens wegen beruhigter, zufriedener? Ich bin dessen gewiß; denn du **glaubst**, daß dein Freund ebenso willig als fähig ist, seinem Worte die That folgen zu lassen. Angenommen, du betreibest ein

Geschäft, und seiest durch eingetretene Unglücksfälle unfähig einer Geldforderung, die plötzlich von einem Gläubiger an dich gemacht wird, zu entsprechen. Du gehst zu derjenigen Person, welche dir bisher in mancherlei Verlegenheiten ausgeholfen und bittest dir die nothwendige Summe zu leihen. Dein Freund jedoch sagt: „Es thut mir leid, daß ich dem Wunsche nicht nachkommen kann, aber ich habe gegenwärtig selbst so viele Rechnungen zu bezahlen, daß ich alles Geld, das mir zur Verfügung steht, selbst bedarf." Du gehst traurig und in nicht geringer Verlegenheit nach Hause. Den nächsten Morgen jedoch kommt dein alter, erprobter Freund wieder und sagt: „Seitdem wir gestern miteinander sprachen sind ganz unerwartete Umstände eingetreten, durch welche es mir möglich wird, dir die erforderliche Summe vorstrecken zu können, und kann ich dir mit dem Gelde dienen, so komm heute um eilf Uhr auf mein Geschäftszimmer, wo ich deinen Wunsch erfüllen werde."

Diese Nachricht wird dich wiederum freudig stimmen, und weßhalb? Weßhalb bist du einer drückenden Sorge enthoben? Einfach, weil du dem

Manne glaubst. Du glaubst, daß er dir das Geld leihen kann und will, und da er versprochen hat, die Summe vorzustrecken, glaubst du auch, daß er dieses thun wird. Die Ursache, die dir deine Sorge abgenommen und dich fröhlich gemacht hat, ist also in der Aussage deines Freundes, dem du vertraust.

Ferner wollen wir annehmen, du habest wegen eines Geschäftes in eine ferne Stadt zu reisen. Bei deiner Ankunft in derselben entschließest du dich, vom Bahnhof bis zum Gasthaus, wo du herbergen willst, zu Fuß zu gehen, anstatt in dem überfüllten Omnibus zu fahren. Nachdem du eine weite Strecke gegangen, vermuthest du, daß du dich verirrt habest. Die Nacht ist angebrochen und endlich wirst du gänzlich verirrt, kannst dich nicht mehr zurechtfinden und fängst an nach dem Weg zu fragen. Einer der Vorübergehenden bietet sich an, dich nach dem bezeichneten Gasthaus zu führen. Wahrscheinlich bist du in Zweifel, ob du das Anerbieten annehmen sollst oder nicht. Du hast Verdacht, allerlei Bedenklichkeiten regen sich; du kennst den Mann nicht. Du weißt weder, ob er selbst in der Stadt hinlänglich bekannt ist, noch ob du ihm ver=

trauen kannst. Du kannst seine Absichten, zumal da es so dunkel ist, daß du sein Gesicht nicht sehen kannst, nicht errathen, und vielleicht kommt dir der Gedanke: dieser Mann will mich in eine abgelegene Straße führen, um dort meine Habe zu rauben, und beabsichtigt am Ende gar, einen Mord zu begehen. Wenn du nun aber in der Unterhaltung mit ihm findest, daß es ein alter Freund ist, welcher in der Stadt wohnt, den du aber jahrelang nicht mehr gesehen hast, obgleich du oft von ihm hörtest, er sey ein sehr rechtschaffener, ausgezeichneter Mann, so wirst du, auf diese Entdeckung und seine Versicherung hin, dich gewiß nach dem gesuchten Gasthaus zu bringen, augenblicklich alle deine Besorgnisse fahren lassen und dem Manne zutrauensvoll folgen, wohin er dich führt.

Und wie erklärst du dir diese plötzliche Veränderung? Ei, es ist sehr einfach; du glaubst deinem Führer. Wenn du dir auch nicht bewußt bist, daß du, in dem Augenblick, da du dem Mann folgst aus gegebenen Thatsachen Schlüsse ziehst, so geht doch etwas derartiges in dir vor. Du glaubst, daß er das, was er verspricht, thun kann und auch den

Willen hat, sein Versprechen auszuführen, und deßhalb vertraust du ihm, und folgst ihm mit Freuden selbst durch die dunkelsten, entlegensten Straßen.

Wenn somit irgend ein Mann in dessen Wahrhaftigkeit du vertraust, etwas aussagt, wovon er behauptet, genaue Kenntniß zu haben, so nimmst du sein Zeugniß für Wahrheit an, oder wenn er dir im Ernste ein Versprechen giebt, so vertrauest du fest und gewiß auf die Erfüllung desselben.

Wenden wir nun diese Beispiele auf göttliche Dinge an. Ich habe gleich im Eingang vorausgesetzt, daß du die Bibel für das Wort Gottes und deßhalb für Wahrheit hältst. Du liest in diesem inspirirten Buch eine Menge Erzählungen von Völkern und Einzelnen. Der Eindruck, den du hievon empfängst, wird sich vielleicht von dem, welcher in dir durch das Lesen der Geschichte der Vereinigten Staaten und England, worin du ebenfalls die Hand der Vorsehung Gottes erkennst, nicht viel unterscheiden; denn du wirst durch alle diese Berichte nicht persönlich und unmittelbar berührt.

Aber du liesest auch in der Schrift: „die Gott=

Was ist Glauben an Jesum Christum? 77

losen müssen zur Hölle gekehret werden, alle Heiden, die Gottes vergessen,"* wo „der Rauch ihrer Qual wird aufsteigen von Ewigkeit zu Ewigkeit."† „Es ist dem Menschen gesetzt einmal zu sterben, darnach aber das Gericht."‡ „Schrecklich ist es, in die Hände des lebendigen Gottes zu fallen."§ Wenn du diesen feierlichen Aussprüchen wirklich Glauben schenkst, und dir deiner Sündhaftigkeit recht bewußt bist, so wirst du nothwendigerweise Besorgniß und Furcht fühlen.

In deiner Noth und Verlegenheit suchst du andere Stellen der heiligen Schrift auf und liest: „das ist je gewißlich wahr, und ein theuer, werthes Wort, daß Christus Jesus gekommen ist in die Welt, die Sünder selig zu machen, unter welchen ich der Vornehmste bin."‖ „Daher er auch selig machen kann immerdar, die durch ihn zu Gott kommen, und lebet immerdar und bittet für sie."¶ „Das Blut Jesu Christi macht uns rein von allen Sünden."** „Wohlan Alle, die ihr durstig seyd, kommt her zum Wasser, und die ihr nicht Geld habt, kommet her, kaufet

---

* Pslm. 9, 17. † Off. 14, 11. ‡ Heb. 9, 27. § Heb. 10, 31.
‖ 1 Thim. 1, 15. ¶ Heb. 7, 25. ** 1 Joh. 1, 7.

und esset; kommet her, und kaufet ohne Geld beides Wein und Milch umsonst."* „Kommet her zu mir, die ihr mühselig und beladen seyd, ich will euch erquicken."† „Wer zu mir kommt, den werde ich nicht hinausstoßen."‡

Außer den Angeführten finden wir noch viele andere köstliche Einladungen und Verheißungen in dem theuren Worte Gottes, die alle deutlich von der Fähigkeit sowohl als der Willigkeit Christi, Sünder selig, ja dich, und wärest du auch der vornehmste der Sünder, selig zu machen, zeugen. Du magst der größte Sünder sein, aber wärest du auch noch sündlicher, so könnte dein Heiland dir Erlösung bringen; denn es ist je gewißlich wahr und ein theuer werthes Wort, daß Jesus Christus gekommen ist den Sündlichsten der Sündlichen selig zu machen. Wenn du nun dieses glaubst, warum freust du dich nicht in der Hoffnung, einst von Gott angenommen zu werden und in seine Herrlichkeit eingehen zu dürfen? Wenn Jesus Christus gekommen ist, dich selig zu machen, wenn er erklärt,

---

* Jes. 55, 1.   † Math. 11, 28.   ‡ Joh. 6, 37.

daß er dich selig machen kann, wenn er wünscht und willig ist, dich selig zu machen, vorausgesetzt, du vertraust Ihm, so solltest du gewißlich in diesem Augenblick an Ihn glauben, und einen Lobgesang zu Seiner Verherrlichung anstimmen.

Jedoch magst du einwenden: „Ich weiß nicht, ob ich diese Erklärungen Jesu Christi auf mich beziehen darf, und obgleich ich wünsche an ihn zu glauben, so weiß ich nicht, ob ich wirklich den seligmachenden Glauben habe, oder mich am Ende täusche."

Wenn dies der Zustand deines Herzens ist, mag vielleicht eine Frage, die ich dir vorlegen will, dir behülflich sein, die Stellung die Christus zu dir, und die, welche du zu ihm einnimmst, besser zu verstehen. Ich wünsche, daß du ganz aufrichtig mit dir zu Werke gehst, und dein Herz einer genauen Prüfung unterwirfst, und die Frage der Wahrheit gemäß und verständig beantwortest: denn wenn du also thust, mag dir der wirkliche Zustand deines Herzens offenbar werden, und du wirst vielleicht sogleich von deinen Besorgnissen befreit werden.

Die Frage, welche ich stellen will, lautet also:

Angenommen Christus würde dir während du dieses liesest, plötzlich erscheinen, du wüßtest, daß es Christus der Herr ist, so gewiß, als du deinen vertrautesten Freund kennst. Angenommen, er würde seine Hand erheben und sagen: „Sohn, Tochter, deine Sünden sind dir vergeben. Ich starb, damit du das Leben haben mögest. Ich habe Macht, ich will dich selig machen. Ich habe nicht Gefallen an deinem Tode, noch bin ich gleichgültig, ob es dir wohl oder übel ergehe. Um dir selbst die Gewißheit zu bringen, daß ich mich deiner herzlich annehme, dazu bin ich vom Himmel gekommen. Ich will dich gerade wie du bist, jetzt in diesem Augenblick selig machen, so du mir nur vertrauen willst. Das Schicksal aller Menschen liegt in meiner Hand, und ich verspreche dir nun, daß wenn du einst vor meinem Richterstuhl stehen wirst, ich nicht sagen werde, gehe weg von mir, sondern, komme her zu mir, Gesegneter meines Vaters, ererbe das Reich, das ich bereitet habe von Anbeginn der Welt."

Wenn der Herr Jesu dir persönlich und direkt diese Versprechungen geben würde, während er sichtbar vor dir stünde, und dich ansehen würde, wür=

Was ist Glauben an Jesum Christum?

dest du ihm glauben? Wärest du zufrieden gestellt? Würdest du ihm vertrauen, daß er seine Versprechungen auch erfüllt? Ist es dir mit deiner Seligkeit dermaßen ernst, daß du ihm sogleich dein Zutrauen schenken und ohne Zögern jetzt, ohne weitere Frage, ohne weitere Bürgschaft für deine künftige Glückseligkeit als sein göttliches Wort, sein Jünger werden würdest? Besinne dich ein wenig, ehe du weiter liesest, denk ernstlich nach. Ich frage dich wiederholt: Würdest du diesen köstlichen Verheißungen, wenn du sie von deinem Heiland persönlich hören könntest, glauben?

O, wenn du ihm alsdann vertrauen könntest, so kannst du heute glauben, denn er giebt in seinem Worte diese Verheißungen, und dieselben sind so gewiß, als wenn er sie persönlich überbrächte. Sie gelten dir, als ob du der einzige Sünder auf Erden wärst, oder als wenn der Herr persönlich vor dir gestanden. Er sagte ja: „Wer an mich glaubet, soll nicht verloren werden, sondern das ewige Leben haben."

Er könnte einen Engel vom Himmel senden, um dir die Botschaft zu bringen, daß er Macht habe, dich selig zu machen, und sich deiner herzlich zu erbarmen. Er könnte seine gnadenreichen Verheißungen zu deiner Beruhigung auf eine Steintafel graben; er könnte seine gütige Einladung in einen Brief schreiben und dir denselben übersenden; aber was würde alles dieses nützen, da er doch bereits schon dich, dich persönlich in seinem herrlichen Evangelium angeredet hat? Wenn du seinen in der heiligen Schrift aufgezeichneten ernsten, feierlichen Worten nicht glaubst, so würdest du auch nicht glauben, wenn Jemand von den Todten auferstände.*

Seligmachender Glaube besteht also deßhalb erstens in der Ueberzeugung, daß das, was Jesus Christus in seinem Worte sagt, Wahrheit ist, zweitens, in dem Vertrauen auf ihn, daß er seine Verheißung, deine Seele zu retten und dich selig zu machen, gewißlich erfüllen wird.

Es ist deßhalb eben so einfach und leicht, an Jesum Christum zu glauben, als es ist, dem was dein Freund dir sagt, Vertrauen zu schenken, und

---

* Luk. 16, 31.

Was ist Glauben an Jesum Christum? 83

du kannst dich gewiß mit so fester Zuversicht die Verheißungen Gottes als auf das Versprechen deines Freundes verlassen. Ja, Gott zu vertrauen sollte dir noch viel leichter werden als das Vertrauen auf deinen Freund, denn dieser könnte ja seine Meinung ändern oder unfähig werden, seinem Versprechen nachzukommen; „aber Jesus Christus ist gestern, heute und derselbe auch in Ewigkeit,"* und macht wie er es will, beides mit den Kräften im Himmel und mit denen, so auf Erden wohnen, und Niemand kann seiner Hand wehren, noch zu ihm sagen: was machst du?† „Wenn er, der ein Meister ist zu helfen,"‡ sich anbietet, dich von Sünde, Tod und Hölle zu erretten, so solltest du dies Anerbieten mit herzlicher Freude und einem festen unwandelbaren Vertrauen auf ihn annehmen, damit du der angebotenen Seligkeit theilhaftig werdest.

Du kannst diese Gnade in keinerlei Beziehung oder in irgend einem Grade verdienen; denn allen diesen Anstrengungen, „sich bereit" zu machen liegt

---

* Heb. 13, 8.   † Dan. 4, 35.   ‡ Jes. 63, 1.

Selbstgerechtigkeit zu Grunde, und unter all der scheinbaren Demuth welche die Seele von dem Erlöser entfernt hält, ist der Stolz verborgen. Für die Selbstgerechten, oder, wie man oft sagt, für die welche gut genug sind, hat die Bibel keine Verheißung, denn „die Gesunden bedürfen des Arztes nicht, sondern die Kranken."* Auch ermuntern die Verheißungen denjenigen, welcher „Morgen" zu Jesu kommen und an ihn glauben will, durchaus nicht; sondern die heilige Schrift ruft dir zu: „Sehet, jetzt ist die angenehme Zeit, jetzt ist der Tag des Heils."†

Vor einigen Jahren kam zu einem Missionar, welcher unter den Indianern arbeitete, ein stolzer, mächtiger Häuptling, welchen die Wirkungen des heiligen Geistes gründlich erweckt hatten, weßhalb er um seine Seele bekümmert war. Der Wilde, zitternd unter dem Bewußtsein seiner Schuld, wollte, gleich vielen civilisirten Personen, nicht im Glauben zu Jesu kommen, um von ihm Leben und Seligkeit zu empfangen. Er ging in sein Zelt, holte seinen

---

* Math. 9, 12.   † 2 Kor. 6, 2.

schön gearbeiteten Teppich und bot denselben dem Missionar an, um dadurch der gedrohten Strafe zu entgehen. Der Diener Gottes schüttelte den Kopf, indem er dem Indianerhäuptling bedeutete, er könne den Teppich nicht annehmen, weil ein solches Opfer Gott nicht gefalle. Traurig ging der Indianer zurück, kam jedoch bald wieder zurück und bot dem Missionar seine Büchse an. Dieser aber erwiederte zum zweitenmal: „Solches Opfer gefällt Gott nicht." Der von seiner Sündhaftigkeit tief überzeugte Indianer ging wieder heim, aber der Geist Gottes beunruhigte sein Gewissen dermaßen, daß er bald darauf den Missionar aufsuchte und sagte, er sey willig, seine Hütte, sein Weib und seine Kinder, und selbst Alles, was er besitze herzugeben, wenn er sich dadurch nur Vergebung und ewiges Leben er=kaufen könne. Der Missionar aber konnte auch dieses nicht annehmen, und sagte: „Nein, solches Opfer gefällt Gott nicht." Der Häuptling stand einen Augenblick mit gesenktem Haupte, als ob er am Rande der Verzweiflung wäre, da. Doch plötzlich erhob er den Blick, schaute den Missionar mit leuchtenden Augen an und rief mit einem Aus=

druck, welcher den ganzen Zustand seines Herzens bezeichnete: „Hier, Herr, nehme auch den armen Indianer!"

Ja, mein Freund, dies ist es, was auch mit dir vorgehen muß, wenn du dich der Vergebung deiner Sünden erfreuen, und des „Friedens Gottes, höher denn alle menschliche Vernunft,"* theilhaftig werden willst.

Du kannst nicht zuerst Christum lieben und darnach glauben, du sollst nicht so lange deine Sünden bereuen als vielleicht nach deiner Meinung nöthig ist und darnach glauben; es ist nicht deine Aufgabe, dich zuerst sittlich zu bessern, um alsdann zu glauben; du würdest in dieser Weise das Ziel nie erreichen.

Du hast nichts mit der Vergangenheit zu thun; die Zukunft sollte dich nicht bekümmern; du mußt die Geheimnisse Gottes nicht erforschen wollen; nimm keinen Anstoß an heuchlerischen Bekennern Christi; du mußt auf keine besondere Offenbarung, nach welcher du dich vielleicht sehnst, auf keine Vermeh=

---

* Phil. 4, 7.

rung deiner Besorgniß warten oder wähnen, Gott werde dich nicht in Gnaden annehmen, bis du brünstiger, kräftiger beten gelernt hast. Würde er dein Gefühl gerade so anregen, wie du es wünschest, oder dir die christliche Erfahrung schenken, welche du besitzen möchtest, ehe du glaubst, so wird es dir einleuchend seyn, daß du alsdann nicht auf Ihn, sondern auf dein Gefühl und deine Erfahrung als Grund deiner Hoffnung vertrauen würdest.

Die Unwilligkeit, zu glauben ehe du mehr Gefühl hast, oder besser beten kannst, oder Gott inniger liebst, rührt vom Feind deiner Seele her, welcher deine Aufmerksamkeit von Christo abzulenken sucht, und von Selbstgerechtigkeit, die wenn auch dir unbewußt in dir wohnt; denn du vertraust auf etwas, das du thun kannst.

Fasse Christum allein ins Auge.

Die erste Aufgabe,—die einzige Aufgabe,—welche du—wo du auch seyn, was du auch thun magst, jetzt, während du dieses liesest, zu Haus oder auf dem Weg, stehend, sitzend, in Gesundheit oder Krankheit—zu erfüllen hast, ist, jetzt, gerade jetzt und wie du bist an den Herrn Jesum Christum zu glauben. Glaube, daß er gekommen ist, dich selig zu machen; glaube, daß er dich selig machen will, daß er deine Seligkeit wünscht, und sich anerbietet, dich zu retten, und vertraue ihm ohne Zögerung, ohne Zweifel sogleich, glaube daran, daß er halten wird, was er verheißen hat.

Gieb dem Stolz, so wie allen Anstrengungen, dich selbst zu bessern den Abschied, und rufe, deine schuldige Seele und ihr Wohl in die Hände deines Erlösers empfehlend, von ganzem Herzen:

„O Herr, ich geb' mich dir ganz hin,
Sieh, mehr vermag ich nicht."

Ich sage dir, Himmel und Erde mögen vergehen, aber deine Seele wird gerettet werden.

Folge diesen Anweisungen, und du wirst des Friedens, nach welchem du dich sehnst, theilhaftig werden, und der Liebe, welche du zu haben wünschest, und alle der andern Gnadengaben und Frieden, welche ihren Ursprung im Glauben haben, so wie der Bach aus der Quelle entfließt.

Sodann wirst du diese Lehren, die in diesem Buche dargestellt sind in dir als Wahrheit erfah=

ren, und der Glaube wird in dir eine „gewisse Zu=
versicht," die gewisse Erwartung „deß das man hofft
und nicht zweifelt an dem, das man nicht siehet."*

Schließlich wünsche ich noch zu dem, was ich über
den Glauben bemerkt habe, deine Aufmerksamkeit
auf die Bedingungen deiner Seligkeit zu lenken,
wie sie im zehnten Kapitel des Römerbriefs vom
sechsten bis zum dreizehnten Vers dargelegt sind:

„Die Gerechtigkeit aus dem Glauben spricht
also: Sprich nicht in deinem Herzen: Wer will
hinauf gen Himmel fahren? (Das ist nichts an=
deres, denn Christus herabholen.) Aber was sagt
sie: Das Wort ist dir nahe, nämlich in deinem
Munde und in deinem Herzen. Dies ist das Wort
vom Glauben, das wir predigen. Denn so du mit
deinem Munde bekennest Jesum, daß er ein Herr
sey, und glaubest in deinem Herzen, daß ihn Gott
von den Todten auferweckt hat; so wirst du selig.
Denn so man von Herzen glaubt, so wird man
gerecht; und so man mit dem Munde bekennet, so
wird man selig. Denn die Schrift spricht: Wer

---

* Heb. 11, 1.

an ihn glaubt, der wird nicht zu Schanden werden. Es ist hier kein Unterschied unter Juden und Griechen; es ist aller zumal Ein Herr, reich über alle, die ihn anrufen. Denn, **wer den Namen des Herrn wird anrufen, soll selig werden.**"*

Hier stellt, wie du bemerken wirst, der Apostel die Ansicht auf, daß es durchaus nicht schwierig sey, zu Jesu zu kommen, oder daß Ursache zum Aufschub, oder weitläuftiger Vorbereitung vorhanden sey. „Wer den Namen des Herrn wird anrufen, soll selig werden."

So rufe ihn denn an im Gebet—bete aufrichtig, imbrünstig—rufe ihn als ein hülfloser, verlorener Sünder an—und er wird dich erhören, denn er hat sein ewigwahres Wort gegeben, dich selig zu machen.

---

* Röm. 10, 6–13.

Vierter Theil.

Aufmunterung, an den Erlöser zu glauben.

Fürchtete ich nicht, daß ein heilsuchender Sünder, welcher bis hierher gelesen hat, nach Allem, was gesagt wurde, nicht vermöchte, an Christum zu glauben, so würde ich nun meine Feder niederlegen. Da ich aber besorgt bin, daß einer meiner Freunde eben immer noch nicht sein Vertrauen auf den Heiland setzen kann, so will ich noch Einiges hinzusetzen, was dazu dienen mag, zum Glauben zu ermuntern.

Erinnere dich denn vor Allem, daß das Erlösungswerk Christi ein für alle Bedürfnisse der Seele allgenügendes ist. Jesus bedarf deines Beistandes in keiner Beziehung; denn wirst du aus Gnaden gerettet, „so ist es nicht aus Verdienst der Werke; sonst würde Gnade nicht Gnade seyn. Ist es aber aus

Verdienst der Werke, so ist die Gnade nichts."* Nach der Weissagung des Propheten hat er „ewige Gerechtigkeit gebracht."† Er „ist uns gemacht von Gott zur Weisheit und zur Gerechtigkeit und zur Heiligung, und zur Erlösung."‡ „Und da er ist vollendet, ist er geworden allen, die ihm gehorsam sind, eine Ursache zur ewigen Seligkeit."§ Er hat also alle Ansprüche des Gesetzes für Zeit und Ewigkeit erfüllt, und darum „seyd ihr vollkommen in ihm."

Was nützt denn noch ein längeres Warten? Du kannst sein Werk nicht ergänzen; du kannst dasselbe nicht verbessern. „Es ist vollbracht,"‖ vollbracht für dich als einen Sünder, und weil du ein Sünder bist. „So aber durch das Gesetz die Gerechtigkeit kommt,"—das ist durch deinen Gehorsam und deine Anstrengungen,—„so ist Christus vergeblich gestorben."¶ Du kannst, wenn du überhaupt selig wirst, einzig und allein nur durch Christum selig werden. Und weßhalb willst du nicht jetzt selig werden? Du kannst ihn zwar nicht sehen; er aber sieht dich

---

* Röm. 11, 6.   † Dan. 9, 24.   ‡ 1 Kor. 1, 30.
§ Heb. 5, 9.   ‖ Joh. 19, 30.   ¶ Gal 2, 21.

Aufmunterung, an den Erlöser zu glauben.

und bietet dir in diesem Augenblick Vergebung und Segen an. Er will dich bewachen, und dir Alles zum Besten dienen lassen: er will gegenwärtig sowohl als in Zukunft für dich sorgen, will dich erleuchten und erfreuen, und endlich in seine Herrlichkeit aufnehmen.*

Warum solltest du nicht in diesen Augenblicken an ihn glauben und deine Seligkeit ihm anvertrauen? „Ob Jemand sündiget, so haben wir einen Fürsprecher bei dem Vater, Jesum Christum, der gerecht ist."† Du kannst ihm deine Sache ganz getrost übergeben. Er ist nicht bloß ein Fürsprecher, welcher mit dem Fall, der vor dem Richter kommt, vollkommen bekannt ist. Er nimmt nicht allein das innigste Interesse an seinem Clienten, sondern er ist auch ein gerechter Fürsprecher, das ist, er hat den Forderungen des Gesetzes vollkommen entsprochen und vertheidigt deine Sache, indem er seine eigene fleckenlose Gerechtigkeit vorhält, um deren Verdienst willen du, wie jeder andere Sünder, dem Throne Gottes muthig nahen kannst.

---

* Pslm. 73, 24. † 1 Joh. 2, 1.

Darin stehet geschrieben: „So wir unsere Sünden bekennen, so ist er treu und gerecht, daß er uns die Sünden vergiebt und reiniget uns von aller Untugend."* Somit ist uns nicht allein die Treue Gottes, sondern auch seine Gerechtigkeit hinlängliche Bürgschaft dafür, daß Er dem Sünder, welcher ihn im Namen Jesu um Vergebung bittet, auch Vergebung zu Theil lassen wird. So wie Gerechtigkeit die Bestrafung aller Derjenigen fordert, die nicht an ihn glauben, so fordert sie auch, daß alle Gläubigen bei Gott angenommen werden. Wie es für die welche außer Christo sind nichts giebt als Verdammniß, so giebt es keine Verdammung für die, welche in Christo Jesu sind.

Welchen Vortheil wirst du somit durch Aufschub gewinnen? Offenbar keinen, und wenn du dich noch Jahre lang würdest von Jesu ferne halten, so kannst du, wenn Gott so lange Geduld mit dir hat, auf keine andere Weise selig werden als wie heute, nämlich dadurch, daß du einfach vertraust, daß Jesus Christus die den Sündern gegebenen Verheißungen erfüllen wird.

---

* 1 Joh. 1, 9.

Aufmunterung, an den Erlöser zu glauben.

Sodann stelle dir die unaussprechliche Güte des Erlösers vor Augen. Als er auf Erden lebte, brachten sie tausende Kranke aller Art zu ihm und er heilte sie alle. Hast du je gelesen, daß er sich weigerte, einen Segen, um den er gebeten wurde, zu ertheilen? Die Evangelisten berichten, daß er wenigstens zweimal, als das Volk nach Sonnenuntergang sich um ihn versammelte, obgleich sein Körper gebrechlich und er ohne Zweifel von den beständigen Anstrengungen sehr ermüdet war, sich demselben nicht entzog. Er klagte nicht über Müdigkeit. Er dachte nicht an Erholung, denn es handelte sich darum, den Bitten des Schmerzes und der Noth Gehör zu schenken.

Daß unter der großen Anzahl der Kranken, die er heilte, welche waren, die durch Laster und eigenes Verschulden die körperlichen Leiden über sich gebracht, oder die Wohlthat gar nicht verdienten und selbst durch die züchtigende Hand Gottes nicht gebessert wurden, darf wohl sicher angenommen werden. Und doch erbarmte sich der gefühlvolle Jesus über Alle, doch bedauerte er diese Elenden nicht bloß, sondern hörte die Bitten des Gesunkensten unter ihnen geduldig an. Soll er, da er nun im Himmel ist, weniger gütig und barmherzig seyn? Scheue dich nicht, gerade so wie du bist vor ihn zu treten, denn er hat erklärt: „Ich will dich nicht hinausstoßen."

Er „will nicht, daß Jemand verloren werde, sondern, daß sich Jedermann zur Buße kehre."* Als er einst Jerusalem, die Stadt, in welcher ihm so bittere Leiden bevorstanden, und wo seine unversöhnlichsten Feinde wohnten, betrachtete, weinte er über sie und sagte: „Jerusalem, Jerusalem, die du tödtest die Propheten, und steinigest, die zu dir gesandt sind! Wie oft habe ich deine Kinder versammeln wollen, wie eine Henne versammelt ihre Küchlein unter ihre Flügel; und ihr habt nicht gewollt."†

Wer kann derartige rührende Aussprüche lesen ohne überzeugt zu werden, daß es dem Erlöser vollkommener Ernst ist, wenn er sich anbietet, selbst den größten der Sünder selig zu machen, und zwar nicht um der Menschen Verdienste, sondern um seiner unendlichen Liebe willen?

---

* 2 Pet. 3. 9. † Math. 23, 37.

Aufmunterung, an den Erlöser zu glauben. 97

O ja, es ist deinem Erlöser Ernst und als einen andern Beweis seiner Güte werde dir der Thatsache bewußt, daß sein heiliger Geist bereits in dir wirkt. Wenn du deiner Sünden wegen betrübt bist, dich sehnst von der Macht und Befleckung der Sünde erlöst zu werden, so ist dies durch nichts anders als durch die Wirkungen des heiligen Geistes in dir hervorgerufen worden.

Die Ursache weßhalb du um deine Seele bekümmert bist, während tausend andere um dich gleichgültig sind, ist nicht die, daß du sündloser, sittlicher bist, als sie, sondern die dritte Person der heiligen Dreieinigkeit beeinflußt dein Herz, du verspürst den Zug des heiligen Geistes.

Er, dessen Amt es ist, die Welt zu strafen um die Sünde und um die Gerechtigkeit,* der unsere Natur erneuert† und die Seele heiligt,‡ der in alle Wahrheit leitet,§ und der der Geber aller Gaben und Gnade, aller rechtlichen Wünsche und Neigungen ist,‖ und von dem wir, wenn wir die Wohlthaten der durch Christum gestifteten Erlösung genießen

---

* Joh. 16, 8. † Joh. 3, 5. ‡ 1 Pet. 1, 2.
§ Joh. 16, 13. ‖ 1 Kor. 12, 11.

wollen, ganz und gar abhängig sind; dieser heilige Geist wirkt in dir, mein Freund. „Betrübet nicht den heiligen Geist Gottes,"* denn „wenn Jemand das Gesetz Mosis bricht, der muß sterben ohne Barmherzigkeit durch zwei oder drei Zeugen. Wie viel meint ihr ärgere Strafe wird der verdienen, der den Sohn Gottes mit Füßen tritt, und das Blut des Testamentes unrein achtet, durch welches er geheiligt ist, und den Geist der Gnade schmähet."†
„Darum, wie der heilige Geist spricht: heute, so ihr hören werdet seine Stimme, so verstocket eure Herzen nicht."‡ Beachte die Züge und folge den Führungen dieses göttlichen Freundes, der in dir wirken kann, beides das Wollen und Vollbringen nach seinem Wohlgefallen,§ und den dein himmlischer Vater williger ist denen zu schenken, die ihn darum bitten, als der irdische Vater willig ist seinen Kindern gute Gaben zu geben.‖

Der heilige Geist hat dein Herz nicht berührt, um dich zu täuschen, oder dich zu höhnen, oder ungegründete Hoffnung zu erwecken; sondern er hat

---
* Eph. 4, 30. † Heb. 10, 28, 29. ‡ Heb. 3, 7, 8.
§ Phil. 2, 13. ‖ Luk. 11, 13.

sich so unendlich herabgelassen, um dich zu Christum zu führen, damit du Vergebung der Sünden, Friede, Freude, ewiges Leben die Fülle haben mögest. Bitte ihn, dir den Glauben jetzt zu schenken; rufe ihn an, daß dieser Glaube nie mehr von dir genommen werde. Bitte ihn, dein Rath und dein Führer auf deiner ganzen Lebensreise zu seyn. Bitte ihn, dich zu erleuchten, damit du die heilige Schrift verstehen mögest, deinen Willen zu erneuern, aufs Gute hinzurichten, daß du das thuest, was in den Augen Gottes wohlgefällig ist. Bitte ihn, deine Gefühle zu heiligen und deinen Sinn auf's Ewige, auf's Göttliche zu richten, daß du deinem hohen Berufe gemäß würdig wandeln mögest. Was für Gefahren und Anfechtungen dich dann auch noch erwarten, das Wort des Apostels wird auf dich Anwendung finden: „Auf daß euer Glaube wird rechtschaffen und viel köstlicher erfunden werden, denn das vergängliche Gold, das durch's Feuer bewähret wird, zu Lob und Preis und Ehre, wann nun geoffenbaret wird Jesus Christus, welchen ihr nicht gesehen habt und doch lieb habt, und nun an ihn glaubt, wiewohl ihr ihn nicht sehet, so werdet ihr euch freuen mit unaussprechlicher und herrlicher Freude, und das Ende eures Glaubens davon bringen, nämlich, der Seelen Seligkeit."*

---

* 1 Pet. 1, 7–9.

Fünfter Theil.

Beweise des Glaubens.

Endlich mag es dir, indem du im Ernste das Leben eines Christen beginnst, was wie ich hoffe dein fester Entschluß ist, nützlich sein, wenn deine Aufmerksamkeit auf einige Schriftbe=weise gelenkt wird, mittelst derer du prüfen kannst, ob du den Erlöser als deinen Heiland aufgenommen hast.

Ich sage Schriftbeweise, denn viele wurden schon auf eine bedauerliche Weise irre geführt oder wenigstens auf eine Zeit lang in Finsterniß und Beunruhigung gehalten, weil sie die Beweise ihrer Bekehrung in der Erfahrung anderer, anstatt in der heiligen Schrift suchten. Ich habe selbst einige Prediger gekannt, welche, wie es mir schien, den Irrthum begingen, daß sie, wenn auch ohne Absicht ihre Erfahrung als eine Art Regel, als einen Prüf=stein aufstellten, an welchen ihre Zuhörer den Her=

zensjustand erproben sollten, und weil diese nicht dieselben Erfahrungen machten, wie ihre Prediger, bemeisterte sich ihrer Zweifel und Niedergeschlagenheit, während es doch Thatsache ist, daß zwei Christen eben so wenig die gleiche Erfahrung haben, als zwei Menschen mit ganz und gar ähnlichen Gesichtszügen oder Gewohnheiten, Eigenthümlichkeiten, Charakter, gefunden werden können. Alle wahren Christen sind durch den Glauben mit dem Herrn und Heiland Jesus Christus verbunden; aber bis zu dem Augenblick, in dem eine Seele an den Erlöser glaubt, sind die Führungen des Geistes Gottes mit den Menschen sehr verschieden. Alle Christen machen die Erfahrung, daß ihnen die Sündenlast im gläubigen Aufblick zum Kreuz abgenommen wird; aber jeder derselben wird einen besondern Pfad geführt, um das Kreuz zu erreichen.

Laß es dich deßhalb nicht anfechten, wenn deine Erfahrung im Einzelnen mit der anderer nicht übereinstimmt, sondern vergleiche vielmehr deinen Zustand mit den Ansichten, Gefühlen und Absichten der Kinder Gottes, wie sie in der Bibel beschrieben werden.

Beweise des Glaubens.

Der erste Beweis, den ich anführen möchte, und von welchem auch die heilige Schrift redet ist der, daß Derjenige, welcher an Jesum glaubt, s e i n e n G e b o t e n g e h o r s a m i s t. „Wer meine Gebote hat und hält sie, der ist es, der mich liebet."* „Ihr seyd meine Freunde, so ihr thut, was ich euch gebiete."† „Wer aber sein Wort hält, in dem ist die Wahrheit vollkommen, daran erkennen wir, daß wir in ihm sind. Wer da sagt: Ich kenne ihn und hält seine Gebote nicht, der ist ein Lügner und in solchem ist keine Wahrheit."‡

So deutlich hat der Herr hier gesagt, woran du deines Herzens Zustand prüfen kannst, daß es kaum möglich ist, dich zu täuschen und im Irrthum zu bleiben. Wenn wir seinen Geboten nicht gehorchen, und zwar a l l e n seinen Geboten, so weit wir sie kennen, so hoffen wir vergeblich auf das himmlische Erbtheil, und werden dasselbe trotz dem, daß wir Christum bekennen, oder irgend einer christlichen Gemeinschaft angehören, oder religiöse Ceremonien mitmachen nicht ererben. Wenn wir dagegen seine Gebote

---

* Joh. 14, 21. † Joh. 15, 14. ‡ 1 Joh. 2, 3, 4.

halten, so ist es nicht nöthig, daß wir uns über unsere Annahme bei Gott so unbestimmt und zweifelhaft ausdrücken wie manche Christen „denn an dem merken wir, daß wir ihn kennen."*

Auch brauchen wir unserer Unvollkommenheiten wegen nicht in Zweifel zu gerathen; denn der heilige Geist lehrt uns daß wir alle mannigfaltiglich fehlen. Wenn es unser ernstliches Bestreben ist, seine Gebote zu halten, und wir nicht vorsätzlich, beständig und mit Willen das thun, was er verboten hat, oder irgend welche seiner Vorschriften vernachläßigen; wenn wir auf der Seite Gottes der Sünde gegenüber stehen, und ein Verlangen haben, von derselben befreit zu werden, und zwar nicht bloß von offenbaren, äußerlichen, sondern auch den geheimen, innerlichen Sünden, damit wir unserm Herrn Jesu ähnlich sehen möchten; wenn wir mit dem Psalmisten sagen können: „O, daß mein Leben deine Rechte mit ganzem Herzen hielte! Das Gesetz deines Mundes ist mir lieber, denn viel tausend Stücke Goldes und Silbers. Darum halte ich

---

* 1 Joh. 2, 3.

stracks alle deine Befehle, ich hasse allen falschen Weg:"* dann haben wir zuverläßigen, genügenden Beweis, daß unser Glaube der seligmachende, der wahre ist, und wenn wir auch nicht so fröhlich sind, wie wir zu seyn wünschen.

Der Grundsatz, welcher den Gläubigen, der bestrebt ist, alle Gebote Gottes zu erfüllen, regiert, mag leicht erkannt werden. Er hat nicht nur an der Heilung ihrer Schönheit und Herrlichkeit wegen große Freude, sondern ist von der Liebe zu seinem Erlöser, der so viel für ihn gethan und ihn selig gemacht hat, ganz erfüllt; und Liebe erregt immer den Wunsch, der Person, die wir achten, zu gefallen.

Eine Begebenheit, die uns in Philipp Dobdridge's Biographie erzählt wird, mag als Illustration dieses Princips dienen. Es wird gesagt, daß ein Mann, den er vorher nicht gekannt habe, verhaftet wurde. Irgend ein Umstand erregte das besondere Interesse Dobdridge's für den freundlosen Gefangenen, und mit vieler Mühe und Auslagen gelang es dem Menschenfreund, die Unschuld des

---

* Pslm. 119, 5, 72, 128.

Verhafteten über alle Zweifel herzuthun. Erfüllt von innigster Dankbarkeit gegen Dobbridge, der ihn vom Tode errettete, rief der Freigelassene: "Jeder Tropfen meines Blutes dankt dir; denn du hast mit jedem Tropfen Mitleid gehabt. Du bist mein Retter, in gewissem Sinne mein Erlöser und hast ein Recht an mir. So lange ich lebe gehöre ich dir, und will gerne dein gehorsamer Diener seyn."

Von ähnlichen Gefühlen ist der Christ durchdrungen—oder sollte es wenigstens sein—seinem Erlöser gegenüber, welcher ihn durch die Dahingabe seines Lebens vom ewigen Tode rettete. "Wir lieben ihn, denn er hat uns zuerst geliebet."* "Die Liebe Christi bringet uns also; sintemal wir halten, daß so Einer für Alle gestorben ist, so sind sie Alle gestorben. Und er ist darum für Alle gestorben, auf daß die so da leben hinfort nicht ihnen selbst leben; sondern dem, der für sie gestorben und auferstanden ist."† "Oder wisset ihr nicht daß euer Leib ein Tempel des heiligen Geistes ist, der in euch ist, welchen ihr habt von Gott, und seyd nicht euer selbst? Denn ihr

---

* Joh. 4, 19. † 2 Kor. 5, 14, 15.

Beweise des Glaubens.

seyd theuer erkauft, darum so preiset Gott an eurem Leibe und in eurem Geiste, welche sind Gottes."*

Ein anderer Beweis für den wahren Glauben ist nach der Bibel die **Liebe zu den Brüdern.** „Wir wissen, daß wir aus dem Tode in das Leben gekommen sind; denn wir lieben die Brüder. Wer den Bruder nicht liebet, der bleibet im Tode."† Wenn du deßhalb die Christen **als solche** liebest, und **weil** sie Christen sind, so darfst du nicht bloß hoffen, daß du wiedergeboren bist, sondern du kannst es **wissen.** Es giebt jedoch viele ernste Heilsuchende und Neubekehrte, welche nicht wenig besorgt sind, wenn ihnen dieser Schriftbeweis der Wiedergeburt vorgehalten wird. Sie sind mit Personen bekannt, die von ihnen, obgleich dieselben keine Bekenner Jesu Christi sind, innig geliebt werden; während sie vielleicht Gläubige kennen, zu denen sie keine besondere Zuneigung haben, woraus sie sodann schließen, daß das Gnadenwerk in ihrem Herzen kein ächtes sey.

---

* 1 Kor. 6, 19, 20. † 1 Joh. 3, 14.

Du solltest jedoch nicht vergessen, daß durchaus nicht von dir gefordert wird, daß du deinen unbekehrten Freunden gegenüber kalt und abstoßend seyest; auch ruht die Liebe der Christen zu einander nicht auf der Gleichartigkeit der natürlichen Neigungen und Gesinnung, sondern entspringt aus einer viel reineren, heiligeren Quelle denn dies, was durch ein Beispiel, das ich hier mittheilen will, einfach vorgestellt wird, und zu gleicher Zeit mag dir dieses Beispiel auch dienen, deinen eigenen Herzens-zustand in dieser Beziehung verstehen zu lernen.

In einem der westlichen Staaten lebte vor mehreren Jahren eine Familie, welcher ihr einziges Kind, ein versprechendes schönes Mädchen, starb. Der Mutter brach beinahe das Herz und ihre Gesundheit wurde unter der schweren Bürde des Schmerzes bald sehr wankend. Ihr Gatte, hoffend, daß sie sich auswärts ein wenig erholen würde, bewog sie, einige Monate zu reisen. Während ihres kurzen Aufenthalts in einer der östlichen Städte besuchten sie eine Waisenanstalt und fanden die Kinder in einem großen Zimmer des Hauses versammelt, um eine der vorgeschriebenen Uebungen vorzunehmen. Anfangs betrachtete die trauernde Mutter diese angenehme Scene mit derselben Wehmuth und Gleichgültigkeit, die sie während der ganzen Reise gezeigt hatte; plötzlich aber wurde ihr Auge wieder lebhaft, und ihre Wange geröthet wie früher; sie deutete mit dem Finger auf eine der Waisen und rief aus: „O, dieses Kind muß das meinige werden, ich will seine Mutter seyn." Die nahestehende Aufseherin fragte, warum gerade dieses Kind unter den vielen andern ihr besonderes Interesse in so hohem Grade errege? „Warum?" antwortete die Mutter, „weil die Kleine dort meiner Maria, die ich verloren habe, vollkommen ähnlich sieht."

Um ähnlicher Ursache willen liebst du, wenn du ein wahrer Christ bist, alle Gläubigen.

Sie tragen das Ebenbild unseres geliebten Herrn Jesu, und wo immer du dieses Ebenbild findest, in dieser oder jener christlichen Gemeinschaft, so wirst du, wenn du zu den Kindern Gottes gehörst, dasselbe lieben, und du wirst dem, der es trägt mit Liebe und Sympathie entgegenkommen; denn „wer da liebet den, der ihn geboren hat, der liebet auch den, der von Ihm geboren ist."*

Ein dritter in der Bibel aufgezeichneter Beweis dafür, daß eine Person gläubig geworden ist, ist die totale Veränderung der Ansichten, Neigungen, Absichten und Gewohnheiten. "Ist Jemand in Christo, so ist er eine neue Kreatur; das alte ist vergangen, siehe, es ist alles neu geworden."†

Ich habe viele Personen gekannt, die sich auch in dieser Beziehung vielen unnöthigen Kummer gemacht haben. Sie sagen, sie seyen sich keiner bedeutenden Veränderung bewußt, weßhalb sie auch nicht hoffen dürften, wiedergeboren zu seyn. Sie sagen, daß sie schon viele Jahre, selbst von ihrer Kindheit an um ihre Seele besorgt seyen und sich der Zeit nicht erinnern können, daß sie nicht mehr oder weniger vom Geiste Gottes angeregt gewesen seyen. Sie haben gebetet, sie haben die Bibel gelesen, sie hörten der Verkündigung des Wortes Gottes aufmerksam zu und glaubten zu Zeiten

---

* 1 Joh. 5, 1. † 2 Kor. 5, 17.

Beweise des Glaubens.

beinahe, daß sie den Herrn Jesum Christum lieben.

Zum Troste dieser Personen möchte ich sagen, daß sie wahrscheinlich schon eine lange Zeit im Besitz des Glaubens sind, ohne dessen gewiß zu seyn, ohne das Zeugniß des heiligen Geistes dafür zu haben. Wenigstens ist so viel gewiß, daß sie unter dem belebenden, leitenden Einfluß des heiligen Geistes sind, welcher in ihnen so ruhig und allmählig wirkt, daß sie keine außerordentliche, merkwürdige Offenbarungen bei ihrer Bekehrung erwarten können, wie dieselben vielleicht manchen Andern zu Theil werden. Manche der treusten, ernstesten Christen meiner Bekanntschaft konnten weder den Tag noch den Monat, noch das Jahr ihrer Bekehrung angeben, und die Bibel sagt von Personen, welche in ihrer frühen Jugend wiedergeboren, von Mutterleibe an geheiligt waren. Weder an Offenbarungen, noch an Entzückungen, sondern „an ihren Früchten sollt ihr sie erkennen,"* und ich hoffe der Beweis des Glaubens, den wir jetzt mit einander betrachten,

---

* Math. 7, 20.

wird Freude in vielen traurigen Herzen erwecken, und keinen Schrecken hervorrufen.

Die heilige Schrift erklärt, daß derjenige welcher nicht wiedergeboren ist, sich nichts um das Gesetz Gottes bekümmert. „Fleischlich gesinnet sein ist eine Feindschaft wider Gott, sintemal er dem Gesetz Gottes nicht unterthan ist, und die da fleischlich sind, die sind fleischlich gesinnet; die aber geistlich sind, die sind geistlich gesinnet."

Diese Schriftstelle beweist, daß der Unwiedergeborene die Gebote Gottes nicht achtet, und nach Gott nichts fragt. Er denkt nicht einmal gerne an Gott, und so liebenswürdig und freundlich er auch seinem Nebenmenschen gegenüber ist, er würde das gleiche Betragen gegen sie beobachten, wenn er auch gar nicht an das Dasein Gottes glaube.

Wenn man von einem Mann, der, wenn auch nicht mit Worten, so doch durch sein Leben erklärt, „es sey kein Gott,"* sagen kann, er sey religiös oder tugendhaft, weil er seine Freunde liebe, so kann man auch von den Thieren behaupten, daß sie

---

* Pslm. 14, 1.

tugendhaft und religiös seyn, denn sie lieben ihre Jungen.

Wer aber ein aufrichtiger Nachfolger Jesu Christi wird, der wird durch den Geist der Kindschaft mit solch kindlicher Ehrfurcht vor seinem früher vernachläßigten himmlischen Meister erfüllt, daß er rufen kann: „Abba lieber Vater."* Einst lebte er nur für seine zeitlichen Interessen, um Reichthümer und Ehre zu erwerben und die Freuden dieser Welt zu genießen: nun aber ist er überzeugt daß „der Welt Freundschaft Gottes Feindschaft ist,"† und „sieht deßhalb nicht auf das Sichtbare, sondern auf das Unsichtbare. Denn was sichtbar ist, das ist zeitlich, was aber unsichtbar ist, das ist ewig."‡ Einst war er auf seinen Besitz oder die Bewunderung der Menschen stolz, nun aber kann er sagen: „Es sey aber ferne von mir zu rühmen, denn allein von dem Kreuze unseres Herrn Jesu Christi, durch welchen mir die Welt gekreuzigt ist, und ich der Welt."§ Einst war ihm die Bibel ein versiegeltes Buch und die köstliche Heilsbotschaft wurde den Tagesneuig=

---

* Röm. 8, 15.   † Jak. 4, 4.   ‡ 2 Kor. 4, 18.   § Gal. 6, 14.

keiten oder einem Roman hinterangesetzt, nun aber kann er sagen: „Wie habe ich dein Gesetz so lieb! täglich rede ich von dir. Dein Wort ist meinem Munde süßer, denn Honig."* Einst war ihm die Gebetsstunde und die ernste Predigt des Evangeliums unangenehm und langweilig, nun aber ruft er aus: „Ich freue mich deß, das mir geredet ist, daß wir werden ins Haus des Herrn gehen."† „Denn ein Tag in deinen Vorhöfen ist besser, denn sonst tausend. Ich will lieber der Thüre hüten in meines Gottes Hause, denn lange wohnen in der gottlosen Hütten."‡ Einst wandte er sich vom Sakrament des Abendmahls mit Gleichgültigkeit oder gar mit Verachtung, nun aber bekennt er seinen himmlischen Meister vor aller Welt mit freudigem Herzen und befolgt dankbar dessen letztes Gebot: „Dies thut zu meinem Gedächtniß."§

Ich könnte, wenn nöthig, dergleichen noch mehr anführen, um den Zustand, die Gefühle und Absichten einer „neuen Creatur" zu beschreiben, aber es wurde zum Beweise, daß die Veränderung, welche

---

* Pslm. 119, 97, 103. † Pslm. 122, 1. ‡ Pslm. 84, 11.
§ Luk. 22, 19.

in der heiligen Schrift mit den Worten „ihr müßt von neuem geboren werden," und „ihr seyd gestorben und euer Leben ist verborgen mit Christo in Gott"* beschrieben wird, eine große und wirkliche sey, bereits genug gesagt.

„Euch, da ihr tobt waret durch Uebertretung und Sünden, in welchen ihr weiland gewandelt habt nach dem Lauf dieser Welt, und nach dem Fürsten der in der Luft herrschet, nämlich nach dem Geiste der zu dieser Zeit sein Werk hat in den Kindern des Unglaubens; unter welchen wir auch alle weiland unsern Wandel gehabt haben in den Lüsten des Fleisches und der Vernunft, und waren auch Kinder des Zornes von Natur gleich wie auch die andern."† Diese in diesen Worten ausgesprochene Thatsache wird überall in der heiligen Schrift, so wie durch die Erfahrung aller Christen bestätigt.

Ebenso deutlich ist die Thatsache in der Bibel dargelegt und wird mit gleicher Bestimmtheit durch die Erfahrung der Christen bestätigt, daß der seligmachende Glaube in der Liebe thätig ist,‡ daß er

---

* Col. 3, 3.   † Ephs. 2, 1–3.   ‡ Gal. 5, 6.

das Herz reinigt,* daß er die Welt überwindet,† daß er den Gläubigen veranlaßt seines Meisters Anspruch auf ihn anzuerkennen, denn Er hat die Seinen theuer mit Blut erkauft,‡ daß er ihn bestimmt, seinen Leib zum Opfer zu geben, daß so lebendig, heilig und Gott wohlgefällig sey, welches sey sein vernünftiger Gottesdienst,§ und daß er den Blick des Gläubigen nach dem Himmel richtet, „von dannen wir auch warten des Heilandes Jesu Christi, des Herrn, welcher unsern nichtigen Leib verklären wird, daß er ähnlich werde seinem verklärten Leibe, nach der Wirkung, damit er kann auch alle Dinge ihm unterthänig machen."‖

Wenn du deßhalb überzeugt bist, daß es der Zweck deines Lebens und fester Entschluß ist, mit der Hülfe Gottes Christum zu verherrlichen, so bist du unzweifelhaft ein Christ, trotz den Versuchungen denen du ausgesetzt bist, trotz deiner sündlichen Natur und der schweren Kämpfe, welche du vielleicht zu bestehen hast. Es steht fest, daß du glaubst, es ist

---

* Apost. 15, 9.   † 1 Joh. 5, 4.   ‡ 1 Kor. 6, 20.
§ Röm. 12, 1.   ‖ Phil. 3, 20, 21.

gewiß, daß wie die Rebe mit dem Weinstock, du mit dem lebenden Erlöser vereinigt bist. Drum

"Stimm an den Jubelton
Und trockne jede Zähr';
Wir ziehen zu des Vaters Thron,
Wo Schmerz und Kampf nicht mehr."

Habe nur acht, daß du die Lehre vom Anfang des christlichen Lebens lassend, der Vollkommenheit dich befleißigest,* allen bösen Schein meidest,† um des Herrn willen jede Gewohnheit, jedes Vergnügen und Alles meidest, was dir schädlich sein könnte; habe acht, daß dies dein fester Grundsatz werde: "Ihr esset nun oder ihr trinket, oder was ihr thut, so thut es alles zu Gottes Ehre."‡

---

* Heb. 6, 1. † 1 Thess. 5, 22. ‡ 1 Kor. 10, 31.

Das Ende.